你的考量必須裝上安全氣囊

THE MEDITATIONS

超譯**沉思錄**：一本暢銷1800年的哲思經典療癒書

目錄

別忘了裝上讓傷害減到最小的「安全氣囊」

THE MEDITATIONS

每件原本認為十拿九穩的事，都有可能在瞬間發生無法預期的變化，重點是有沒有隨時為這些可能發生的變化，裝上讓傷害減到最小的「安全氣囊」…

「不要管別人跟你說了什麼或做了什麼，也不要管將來發生什麼麻煩事，更別管外在環境如何變化，或是遇到了什麼阻礙，為了讓自己擺脫命運的束縛，還是接受一切早已發生的事，並做好當下的每一件事吧！」如果不說，你可能不相信以上這段語錄是摘自古羅馬帝國皇帝馬可．奧里略於公元二世紀所著的《沉思錄》，因為，這段語錄的哲思勵志觀念，一點都不會讓人認為是一千八百多年前所寫的，而且，即使用於現在，不但不過時，還非常貼切。

然而，像上述可以運用於現代日常生活的勵志哲思語錄，在《沉思錄》當中比比皆是，譬如關於「痛苦」，馬可．奧里略說：造成痛苦的並非事件本身，而是我們對事件的看法…關於「快樂」，奧里略說：如果不管別人心裡怎麼想自己，一個人就很難不快樂…關於「報復」，奧里略說：報復別人的最好辦法，就是不要變成你想報復的那個人…關於「生命」，奧里略說：不要把生命浪費在思考別人的身上，你的生命才會夠用…」這幾段翻成白話的語錄乍看之下，也絕對想不到是出自於《沉思錄》這本將近兩千年的古典。

《沉思錄》是「哲學家皇帝」馬可・奧里略，以自己畢生的反省和思考為後世留下認識自己人生價值的圭臬，如果那個年代有部落格或臉書，那麼《沉思錄》就是奧里略每天上部落格或臉書寫下的抒發自己心情，以及用冷靜和達觀的態度解析個人對生命、自我、名利、痛苦、解脫與死亡的人生哲思語句。

然而，我對馬可・奧里略在《沉思錄》寫道：「所有事物，都會在瞬間發生變化，就像水會在下一刻結成冰，也會在瞬間變成蒸氣一樣…」這句話特別有感覺，因為，每件我們原本認為十拿九穩的事，都有可能在瞬間發生無法預期的變化，重點在於有沒有隨時為這些可能發生的變化，裝上讓傷害減到最小的「安全氣囊」…也就是做任何事情之前，必須像奧里略一樣，在內心不斷地反問自己，萬一最後的結果並不是自己所預期的…該怎麼辦？

另外，為了讓讀者可以用最簡單最快速的方式來了解《沉思錄》的奧妙之處，本書整理了《沉思錄》的菁華智慧，用淺顯易懂的文字編寫成一百七十二條經典語錄，並且用超譯的角度解讀語錄中的「關鍵字」，再依照每篇主題加進相關哲人經典語錄，讓讀者在「自思一下」之後，更能深入了解在語錄背後想要傳達的人生精義，也讓本書比起《沉思錄》原著，不僅更容易閱讀、而且也更加實用，絕對是一本在人生過程中，遇到挫折和困境時，可以用來「溫柔教訓」自己的「自思座右銘」。

第一輯

不要讓痛苦變成快樂的句點

有些勵志書上面經常強調「傷痕是人生的勳章」，讓我們以為在人生過程中，一定要受過傷，才能留下成長的印記，但卻忘記必須在每一次的傷害和痛苦之中學到經驗，才會不斷重覆陷入各式各樣的痛苦泥沼裡無法自拔。

THE
MEDITATIONS

1 偶爾把時間浪費在不需要浪費的事情上

心靈安全氣囊

偶爾偷懶一下，有益身心健康

通常會把時間浪費在瑣事的人，往往是過於認真，不懂得偶爾偷懶的人。

超譯沉思錄

001

不要把時間浪費在無關痛癢的瑣事，也不要被江湖術士的胡說八道迷惑心智，所謂的符咒可以驅魔消災，都是騙死人不償命的鬼話。

自思一下 你有多久沒有跟自己好好地喝一杯下午茶？

這句語錄的關鍵字是「瑣事」，而所謂的「瑣事」就是一些被我們當成很重要的芝麻小事。

其實，每天為了三餐忙碌奔波的我們，或許都有這樣的經驗，每天忙著就像無頭蒼蠅一樣，但是，如果有人突然問起自己到底在忙些什麼？往往都無法在第一時間可以立刻答得出來。

因為，我們經常會擔心，只要自己稍微偷懶一下，就會被別人超越，就會無法證明自己在別人心目中的地位，因此，讓自己活得像「便利超商」一樣，每天營業廿四小時，全年無休…但是當我們活著這麼戰戰兢兢時，是否曾經想過為何不把時間偶爾浪費在覺得不該浪費的事情上？譬如在排滿行程表的行事曆上面，偷個三十分鐘，自己一個人躲到咖啡店，關掉手機，然後，點一杯卡布奇諾，好好地享受自己跟自己的一個人約會…

2

不要用「我很忙」當藉口

心靈安全氣囊

懂得裝忙，可以避開很多讓你忙不完的事

如果真的想用「我很忙」來當成拒絕別人的藉口，當然也可以，但記得必須先想出一套萬一被別人撞見你一點都不忙時，該如何自圓其說的劇本。

超譯沉思錄
002

非到必要時候，不要經常對人說自己很忙，更不要用緊急事情做為藉口，來逃避自己本來就應該做的事。

自思一下　你知道自己在忙什麼？

這句語錄的關鍵字是「忙」，而所謂的「忙」是一種拒絕別人，最好也是最糟糕的藉口。

其實，經常將「我很忙」這三個字當成口頭禪的人，或許，可以立即推掉一些自己不想做的事情，但也可能讓別人覺得你做事沒有方法，不懂得分輕重緩急，進而讓人覺得你的能力可能有問題，否則，怎會每天為了那麼一點小事，就忙到沒日沒夜的地步呢？

另外，經常將「我很忙」掛在嘴上，可能會失去很多可以更上一層樓的機會，譬如有人想提拔你，向別人問起你的狀況，別人可能會回說，你每天都很忙，應該無法再有多餘的時間，來做你想賦與他的重任。

3 如果真的很行，就不必用口水來證明

心靈安全氣囊

偶爾吹噓一下，既不犯法，又可以刷「存在感」

其實，自己有多優秀，如果透過別人的嘴巴說出來，那麼你的優秀就會加倍，但如果是經由自己的嘴巴講出來，你在別人眼中的優秀程度，頓時就會減半。

超譯沉思錄
003

跟別人面對面說話，多說一些勉勵別人的話語，少吹噓一些炫耀自己有多優秀的大話。還要謹記的是，做好事，並不是為了讓自己有面子，更不是為了可以拿到別人頒給自己的道德獎章。

自思一下　適度的吹噓，是一種另類的自我行銷。

這句語錄的關鍵字是「吹噓」，所謂的「吹噓」簡單說就是沒有本事的人，唯一的本事，但換個角度來論，「吹噓」至少可以讓沒本事的人不會那麼自卑。

有句話說：「吹噓自己無所不知的人，是無知的一種表現。」的確，如果你真的很行、很厲害，並不需要用自己的唇舌去向別人告知。因為，別人又不是瞎子，不可能看不出來，而且，透過自己的嘴巴說出來，難免會讓人覺得是在「老王賣瓜，自賣自誇」。

不過話又說回來，偶爾吹噓一下，沒有什麼關係，因為適度地「吹噓」，也是一種行銷自己的行為。

4
善意是歉意的包裝品

心靈安全氣囊

「善意」越虛偽，越能達到目的

其實，每當別人在言語上不小心得罪了我們，或是在意見上發生爭執，為了表達歉意，以及解決僵持不下的僵局時，通常就會拋出所謂的「善意」。

超譯沉思錄
004

如果有人在言語上對我有所冒犯，或者在行為上得罪了我，只要他們表現出「以和為貴」的誠意，我仍然願意寬宏大量去接受他們釋出的善意…

自思一下　會對我們拋出善意的人，往往都是對我們有所求的人

這句語錄的關鍵字是「善意」，而所謂的「善意」是歉意的包裝品，又有人把它叫做「橄欖枝」，通常是在得罪別人時，經常會使用的「武器」。

然而，當別人得罪我們之後，所拋出的「善意」，到底該不該接受？除了要看我們是否肯寬恕別人得罪自己的行為，另外，還要看別人的善意是不是出自他的真心？

因為，「善意」往往不是出自對方的「心甘情願」，而是對方為了維繫跟我們的關係，不得不低頭向我們拋出的「橄欖枝」，因此，願不願意接受這種背後暗藏目的的「善意」，完全看我們的「修養」到底有沒有到達那種「寬宏大量」的程度喔！

5 不要漠視朋友向我們抱怨

心靈安全氣囊

「抱怨」不是負面情緒，而是負面情緒的出口

所有的抱怨，不一定都是沒有建設性的怨言，只要懂得傾聽抱怨，或許就可以從「抱怨」中看到以前沒看到的問題。

超譯沉思錄

005

當朋友對你抱怨，即便是無理取鬧，也不能冷漠應對，而是要想辦法讓他恢復理智。另外，在跟別人說教的時候，既要讓他知道你在訓誡他，又不能傷到他的自尊，而且，絕對不要因會因脾氣暴躁，而大動肝火。

自思一下　良藥不一定要苦口，忠言不一定要逆耳

這句語錄的關鍵字是「訓誡」，而所謂的「訓誡」往往是別人不喜歡聽的話，但卻是對別人有用的話。

有句話說：「良藥苦口，忠言逆耳。」但是就算真的要訓誡教導別人，也要將準備訓誡別人的話，稍微用「糖衣」包裝一下，如此一來，才能讓別人比較能夠聽進去要告誡他的話，也才能達到教訓別人的最終目的。

另外，千萬不要漠視朋友向我們抱怨，因為朋友之所以會抱怨，無非是想從我們這裡得到一些安慰和認同，因此，不能因為別人動不動向我們抱怨，就訓誡別人。

最後，當你想教訓別人的時候，先對著鏡子，將準備用來教訓別人的話語，用來教訓自己一番，如果連你自己聽了，都會不舒服，那麼別人聽了之後，一定也會感到不舒服。

6

「謙卑」其實是一種最高明的虛偽

心靈安全氣囊

過度謙卑叫虛偽，過度虛偽叫謙卑

有人說：「謙卑過了頭就會變成虛偽。」譬如有些人，明明就是外文系研究所畢業，卻一再地強調自己的外文能力不是很好，有些人明明是音樂系的高材生，卻一再地謙說自己五音不全……

超譯沉思錄

006

雖然在講大道理的時候，可以把自己的切身經驗和特長結合起來，但始終必須保持謙卑不傲的低調態度；以讓自己從朋友那裡因謙卑獲得尊重與青睞的同時，不會讓他們覺得你在鄙視或貶低自己的人格。

自思一下　謙卑其實是虛偽的外套

這句語錄的關鍵字是「謙卑」，而所謂的「謙卑」是一種表面上貶低自己，實際上抬高自己的假掰行為。

有位哲人說：「謙卑只不過是一種表面上的依順，是驕傲的一種代名詞。」的確，通常有些能力比我們強的人，或是能力跟我們不相上下的人，往往會在某件他擅長的事情上面，表現出謙卑的行為。

譬如，一個每個球季可以擊出三十支全壘打的職棒選手，會在面對他的對手的時候，說出他在打擊方面，還有很多需要學習的地方，其目的無非就是想藉著這種貶低自己的動作，來贏得別人覺得他很謙虛的美名。

7 坦然面對不想面對的自己

心靈安全氣囊

不想面對也是另一種面對

如果不想坦然面對，當然也可以，只不過你必須做好萬一那件必須面對的事情爆發出來，該如何因應的準備。

超譯沉思錄
007

坦然面對自己所遇到的困境，而不要喋喋不休地抱怨，不論遇到什麼樣的困境，包括臥病不起在內，都能夠保持愉悅的心態，進而讓自己的心靈達到一種最佳狀態。

自思一下　坦然面對很困難，但也很簡單

這句語錄的關鍵字是「坦然」，而所謂的「坦然」簡單說就是不論順境或逆境都能保持不卑不亢的態度，不因為外在事物影響了內心的平靜。

通常在「坦然」的後面，往往會接著「面對」兩個字，其實在人生的過程中，經常會遇到必須「坦然面對」的事情，但是，一開始的我們卻往往選擇用抱怨的方式，來逃避那些必須「坦然面對」的事情。

原因是我們覺得只要坦然面對，就代表自己的確犯了那個眾人所唾棄的錯誤，但是，或許可以每天固定找個時間，捫心自問一下，遇事「只會抱怨」和「坦然面對」，那一種比較能夠解決問題，如果我們願意老實地回答上述問題，當下次再遇到無法坦然面對的狀況，應該就會有所改善。

8 遇到愛嚼舌根的人，應該可憐他們

心靈安全氣囊

將愛嚼舌根的人，當成「空氣」

其實，嘴巴是長在別人身上，別人愛怎麼講，我們無法控制，但是卻可以決定自己的耳朵要不要聽。

超譯沉思錄
008

每天早上醒來，我就會提醒自己，今天可能會碰到各式各樣的人，包括愛說人是非、過河拆橋、狗眼看人低、算計別人以及胡言亂語的人，這些人之所以會有這樣的惡習，是因為他們搞不清楚什麼是對的，什麼是錯的。

自思一下　不要讓自己活在負面情緒之中

這句語錄的關鍵字是「惡習」，而所謂的「惡習」往往是一開始覺得很爽快，但到最後卻會讓自己很痛苦的一種習慣。

中國著名教育家陶行知說：「思想決定行動，行動養成習慣，習慣形成品質，品質決定命運。」這句話告訴我們，一個人的惡習一開始是由自己的思想和行動所養成，如果不去及時修訂和改過，就會引發一連串的負面情緒，而且，也會讓自己的人生，因為這些負面情緒，變得暗淡無光，最終會影響自己的命運。

因此，當我們遇到愛嚼舌根、不分是非的人，應該可憐他們，因為他們整天都活在自己的負面情緒中。

9 不要成為一具只會呼吸的臭皮囊

心靈安全氣囊

如何讓「呼吸」變的更有意義

如果我們不懂得充實自身的精神品質，充其量只是一具會呼吸的臭皮囊而已，只有在找到生命的意義，我們的「呼吸」才會變的更有意義。

超譯沉思錄

009

不管到最後成了富人還是窮人，都只是一具會呼吸的身軀而已，因此如果已經行將就木，只剩下一口氣，便沒有必要再去眷戀自己那身臭皮囊，因為，那只是一個儲存血液和骨頭的載體。

自思一下 「呼吸」並不是一件理所當然的事

這句語錄的關鍵字是「呼吸」，而所謂的「呼吸」就是為了證明自己存在的一種吸氣和呼氣的運動。

其實，每個人一生下來，往往不需要別人教，就自己學會呼吸，也就是說「呼吸」是我們一生下來，為了活下去，所學會的第一件事。

由於，我們為了讓生命存活下來，無時無刻都在執行呼吸的這個動作，因此，有時候會忘了呼吸的存在，甚至會將呼吸當成一件理所當然的事。

直到感冒了、鼻塞了、氣管發炎了、呼吸不順了……才會再度感覺到「呼吸」並不是一件理所當然的事。

10 用有限的生命，創造無限的機會

心靈安全氣囊

越是猶豫不決，越需要當機立斷

當「良機」出現時，很多人無法在第一時間做出反應，除了是因為太過於猶豫不決，另外，就是太過於謹慎，因此，在關鍵時刻無法當機立斷，才會眼睜睜地看著良機離自己遠去。

超譯沉思錄 010

你只是宇宙的其中一小部分，你在世上的存活只是浩瀚宇宙中的曇花一現；你的生命非常有限，如果還不懂得在這段「苟且偷生」的過程中，釐清心中的種種疑惑，那麼再好的良機也會跟你擦肩而過⋯⋯

自思一下　所有良機，都是在猶豫之間悄悄流失

這句語錄的關鍵字是「良機」，而所謂的「良機」就是能將嚴苛的局面從黑翻紅的大好時機。

其實，我們經常會跟所謂的「良機」擦身而過，其原因有以下兩項：

第一、在平時沒有做好準備，以致於就算知道來到自己面前是一個千載難逢的機會，我們因為沒有準備，也只能白白地看著它從自己的眼前溜過。

第二、根本不知道來到眼前的是一個「良機」，因為，有很多良機往往都是穿著「苦難」或「疑惑」的外套，因此，我們才會錯失良機，還渾然不知。

11 做好正在做的每件事情

心靈安全氣囊

不要在乎原本在乎的執著

如果把當下正在做的事，都當成最後一件來做，就可以無後顧之憂，傾盡全力地去做好正在做的事情，只要當下正在做的事，是我們喜歡做的事，即使這件事是一件很困難的事，也不會急於從這件事情之中解脫……

超譯沉思錄 011

如果把每一件事情都當做是最後一件，就可以去除得失之心的負面情緒，如果想得到真正的解脫，必須放下對理性的冷漠態度和深惡痛絕，以及把自私、偽善和對自己所得表示不滿的抱怨全部拋在一邊。

自思一下　「解脫」等於「好不容易擺脫」？

這句語錄的關鍵字是「解脫」，而所謂的「解脫」就是不再去在乎以前非常在乎的執著、面子和自我。

我們經常會聽到終於考完學測的學生說，自己解脫了，也會聽到好不容易辦完公司活動的上班族說，自己解脫了，甚至會聽到好不容易結束一段不愉快婚姻的男女說，自己終於解脫了……

由此可知，「解脫」這兩個字已經跟「好不容易擺脫掉不願意面對的人或事」和「脫離一段非常不快樂的過去」畫上等號，但是，事實真的是如此嗎？

12

沒有人會甘於付出而不求回報

心靈安全氣囊

不要一天到晚去奢求別人的回報

我們一方面想要得到不求回報的美名，一方面又想得到別人對自己應該有的回報，其實，這就是所有人都會犯的「口是心非」的一種人性毛病。

超譯沉思錄

012

一個人只要懂得付出不求回報，哪怕只是一點點，都能讓內心靜謐，神就是如此嘛，因為，神明就從來沒有因自己擁有人類沒有的能力，因而向接受過祂幫助的人，索求過什麼額外的回報。

自思一下　你真的可以「無怨無悔」為對方「付出」嗎？

這句語錄的關鍵字是「回報」，而所謂的「回報」就是希望對方最好能夠「加倍奉還」的一種行為。但是，越是這樣期望，最後越是會讓自己失望。

其實，每個人口口聲聲都會說自己「無怨無悔」地為對方「付出」，並不想要得到對方一丁點的回報。

然而，令人諷刺的是一旦對方對自己的付出真的一點回應都沒有時，就會開始在內心生起悶氣，甚至會開始埋怨起對方為何這麼不懂得感恩圖報。

13 機會總是眷顧做好準備的人

心靈安全氣囊

對自己好一點

我們總是愛自己太少、照顧自己太少，總是不懂得對自己好一點，每個人都只有一次的人生，因此更應該在眷顧別人、當別人的幸運之神之前，先懂得疼愛自己。

超譯沉思錄
013

每個人都被賦予足夠長的生命旅程，當你的生命之火即將熄滅，假如你的靈魂還不在最後眷顧自己一下，那麼就只能眼睜睜地看著幸運之神降臨到別人身上。

自思一下　幸運之神為何總是和自己擦身而過

這句語錄的關鍵字是「眷顧」，而所謂的「眷顧」就是特別照顧的意思，但通常會被用來當做「偏心」的代名詞，譬如有些有不如意的人，往往會說老天為何只眷顧某人，而不眷顧自己。

培根在《隨筆．論財富》書中寫道：「榮譽與獎賞總是在生命的競技場，眷顧善於行動的人。」

法國學者巴斯特也說：「機會喜歡眷顧那些平時做好準備和說的到做的到的人。」的確，一天到晚只會抱怨幸運之神不眷顧自己的人，從來都不會去檢討為何自己總是和幸運之神擦身而過？是不是因為自己準備不夠，還是自己只會說不會做，另外，在期望別人眷顧自己之前，必須懂得眷顧自己，否則，就不要奢望別人會眷顧自己。

14 沒有目標的人，再怎麼努力也是徒勞

心靈安全氣囊

如果人生沒有目標，等於在原地踏步

沒有目標的人生，就像在健身房跑跑步機一樣，不論跑步機上面顯示多少時速，都依舊在原地踏步，因此，如果不想讓人生跟在跑步機上面跑步一樣，就必須明確地設定自己的人生目標，然後，逐步去一一落實。

超譯沉思錄
014

每天被自己的忙碌搞得疲憊不堪的人，其實，與不務正業的人沒有什麼差別，因為，他們漫無目標的四處奔波忙碌，沒有一個確定的目標來做為自己努力的方向。

自思一下　你是否經常在原地「鬼打牆」？

這句語錄的關鍵字是「漫無目標」，而所謂的「漫無目標」就是做人處事沒有中心思想，只是窮忙、瞎忙，忙到最後，付出和收獲完全不成正比。

萊辛曾經寫道：「只要不喪失理想，走得慢的人，就會比漫無目標，只會混日子的人走得還要快。」

詩人荷馬也曾經說過：「令人無法忍受的是漫無目標地徘徊。」其實，漫無目標就像一艘出海航行，卻沒有指南針的船一樣，即便擁有再如何先進的動力引擎，但是因為沒有方向，最後只會讓自己在原地「鬼打牆」。

15 不要只會關注別人，卻忘了關注自己

心靈安全氣囊

就算獨處，也不會感到寂寞

為什麼我們雖然朋友多到數不清，但每當夜深人靜的時候，卻還是會感到寂寞？這是因為我們忘了關注最接近自己的自己。換句話說，只要懂得關注自己，即便是一個人獨處，也不會覺得寂寞。

超譯沉思錄
015

絕對不要去猜測別人心裡在想什麼，因為，一天到晚只會琢磨別人心思的人，從來都不是快樂的人。每個人都應該將心力擺在關注自己內心的所思所想，如果連這一點都做不到，那就是天底下最可悲可憐的事。

自思一下　當我們忙著關注別人的時候，卻經常忘了關注自己

這句語錄的關鍵字是「關注」，而「關注」這個動作，通常我們都習慣用在別人身上，卻忘了用在自己的身上。

無論在現實生活中或是在網路的虛擬世界，每個人都渴望受到別人的關注，但是，有時候卻經常會事與願違，會因為得不到別人的關注和肯定，因而灰心喪志。

但是，我們卻從來沒有想過，既然無法如願地獲得別人的關注，那為什麼不去自己關注自己呢？要知道我們無法控制別人來關注自己，但是只要願意，我們完全可以將心思擺在關注自己的這件事情上面。

16 「慾望」可以讓人前進，也可以讓人墮落

心靈安全氣囊

別讓自己被私欲所駕馭

雖說，從某種角度來說「慾望」是讓人前進的動力，但是如果將「慾望」用在不對的地方，讓自己被私欲所駕馭，那麼這種慾望就會將自己引導到萬劫不復的無間地獄。

超譯沉思錄
016

因為私欲而造成的犯罪，要比那些因一時憤怒而導致的犯罪更可恥和可惡…理由是因憤怒而犯罪的人，往往是因某種內心痛苦所引起的負面情緒而失去了本來的理性；而因私欲而犯罪的人，則是理智被追求一時痛快的欲望所矇蔽…

自思一下　人可以有「私欲」，但不能傷害到別人

這句語錄的關鍵字是「私欲」，而「私欲」就是一種只要能夠「利己」就算傷害別人也在所不惜的可怕慾望。

日本AV女星兼電視演員蒼井空曾經說過：「脫光衣服躺在鏡頭前的我，只是為了掙口飯吃，而你穿著人模人樣的站在鏡頭前，卻只是為了滿足自己的私慾。」

其實，人吃五穀雜糧，難免會有七情六慾，因此，有時候自私一點也在所難免，但是如果為了一己的私欲，不惜不擇手段犧牲別人的利益，就是一種必須遭到譴責的可惡行為。

17 不要讓痛苦變成快樂的句點

心靈安全氣囊

所有的成長，都必須付出代價

有些勵志書上面告訴我們「傷痕是人生的勳章」，讓我們以為在人生過程中，一定要受過傷，才能留下成長的印記，但卻忘記必須在每一次的傷害和痛苦之中學到經驗，才會不斷重覆陷入各式各樣的痛苦泥沼裡無法自拔。

超譯沉思錄
017

為追求一時痛快所犯下的錯誤，比因內心痛苦而犯的錯誤，還要糟糕，因為前者是在自己私欲的驅使下，犯下一時衝動、不可遏止的惡行，而後者則是因為遭到別人不公平的對待，讓自己的情緒一時失控，因而鑄下大錯⋯⋯

自思一下　在快樂之前，必須先做好痛苦的準備

這句語錄的關鍵字是「痛苦」，而「痛苦」簡單說就是陷入無法選擇也無法擺脫的困境中左右為難，進而覺得自己無能為力的一種負面感覺。

羅曼．羅蘭曾經寫道：「有時，痛苦是由於現實生活的凌虐，譬如命運的捉弄，人們的惡意算計，有時，痛苦蘊藏在人的內心深處，總之，痛苦會用不同形式出現在我們的生活中。」

有句話說：「知道自己為何快樂之前，必須先了解為何痛苦。」其實，每個人都會遇到讓自己痛苦的事，重點就在於用什麼心態去面對，是要選擇將痛苦化為前進的動力，還是要讓痛苦成為阻礙自己前進的絆腳石。

18 只要心存善念，就不必怕被打入地獄

心靈安全氣囊

小善和大善的「成就重量」是一樣重的

有些人總覺得做善事就應該做大善事，但卻忘記舉手之勞的小善舉，雖然看起來微不足道，但內心所獲得的成就感卻是跟做大善事沒什麼兩樣。

超譯沉思錄 018

假如你相信神的存在，那麼死亡本身就不是一件讓你內心恐懼的事情，因為神不會把善良的人打入地獄。然而，正是因為每個人都可能在下一秒鐘死去，所以為了不讓自己成為被神打入地獄的黑名單，必須時常修正自己的行為和思想，讓自己成為一個單純善良的人。

自思一下　為何會「因善小而不為，卻因惡小而為之。」

這句語錄的關鍵字是「善良」，而「善良」簡單說就是每個人心中最初，也是最真誠的認知。

余秋雨曾經寫道：「善良，這是一個最單純的辭彙，又是一個最複雜的辭彙。它淺顯到人人都能領會，又深奧到無人能夠定義。它與人終生相伴，但人們卻很少琢磨它、追問它。」的確，每個人在剛出生的那個剎那，都是善良的，但後來在人生的旅程中，由於遇到了種種欲望的誘惑和挫折的打擊，因此，慢慢地讓最初擁有的善良，一點一滴地消失殆盡。

雖說「勿因善小而不為，勿因惡小而為之。」是普世價值，但大多數人卻都「因善小而不為，卻因惡小而為之。」原因是我們總是認為小善與小惡，不容易被人發現，才會不做小善，卻經常小惡不斷。

第二輯

讓人生沒有遺憾
本來就很困難

我們都想做自己生命的主人，但事實上我們只是生命的過客，因此，在期望和現實過度落差的情況下，才會把人生過的那麼累……我們都想讓自己的人生不要有遺憾，問題是根本做不到，因為沒有一個人敢說自己可以擁有完全沒有遺憾的人生。

THE
MEDITATIONS

19 這個世界本來就不公平？

心靈安全氣囊

「不公平」其實也是公平的一種

我們經常會抱怨，老天爺對自己不公平，否則，為什麼好事從不降臨在自己身上，壞事卻一直來呢？其實，每天發生在自己身上的好事不見的比壞事少，只是因為我們總是把焦點擺在壞事，忽略好事，才會覺得壞事接踵而來，好事卻經常過門不入。

超譯沉思錄
019

每個人都會有一個疑惑，原本可以讓人虔誠向善的力量，怎麼會使人最終走向自暴自棄的道路呢？雖說生死榮辱、酸甜苦樂等各種事情，都會平等地發生在好人與壞人的身上，但並不一定會讓我們自甘墮落或者潛心向善。

自思一下　**在抱怨造化弄人之前，先想想自己有沒有努力過？**

這句語錄的關鍵字是「平等」，而「平等」簡單說就是對任何人事物，甚至是對自己都保持一視同仁的態度，另一種意思是為了讓大家在這個不公平的世界感到公平，所創造出來的一個名詞。

林肯曾經在「獨立宣言」說過：「人人都是生而平等的。」撇開現實的物質生活不講，其實，在人生過程中的各種機會和挫折，每個人都是生來平等的，因此，千萬不要因為家庭因素，無法提供一個優渥的學習環境，就妄自菲薄，而是在抱怨造化弄人之前，先想想自己有沒有努力過？如此一來，也就不會再將時間和精力用來抱怨這個世界對自己不公平了。

20 死亡並不可怕，可怕的是沒有好好的活過

心靈安全氣囊

不要讓自己變成一個「活死人」

奧勒良曾說：「死亡沒什麼好恐懼的，沒有真正地活過，才是你應該恐懼的事。」的確，有些人雖然活到八十歲，但是他的靈魂在四十歲就已經往生了。

超譯沉思錄 020

當一個人面對死亡時，如果懂得運用自我反省的思維能力，逐一分析與死亡相關的所有想像，就會把死亡本身看做是一種符合自然的輪迴規律，如果對輪迴運轉的規律都還心存恐懼的話，那麼只能說這樣的人太幼稚和無知了。

自思一下　「死亡」有什麼好怕的

這句語錄的關鍵字是「反省」，而「反省」簡單說就是正視自己的錯誤，並盡力去改過，另外一種意思，是有些執迷不悟的人往往在臨死之前，才會做的一種行為。

有句話說：「讓我們感到恐懼的並不是死亡，而是對死亡的無知。」的確，我們對「死亡」感到恐懼，主要是因為不知道「死亡」之後的自己會到哪裡去？如果我們知道「死亡」只是靈魂脫離目前的肉體，前往另外一度空間，而且，在那個空間所過的生活，比往生之前還要幸福，還要快樂，如果我們知道「死亡」只是今生走向來世的一種必經過程，試問我們對死亡還會像現在這麼恐懼嗎？

21 你一點都不了解自己以為了解的自己

心靈安全氣囊

了解別人之前，先了解自己

有句話說：「每個人最不了解的人就是自己。但是總以為自己了解的自己是真正的自己。」因此，我們總是把時間都拿來了解別人和揣測別人的想法，卻從來不把時間用來了解自己。

超譯沉思錄
021

人生最可嘆可憐的事情，就誠如某個詩人所說的：「世俗的凡人不了解自己，卻只會挖空心思去揣測隔壁鄰居內心的想法，不知道自己為何活著，卻費盡心思到處打聽九泉之下的事情。」其實，這些人不知道只要專注於自己的心靈，就可以讓自己這輩子功德圓滿了。

自思一下　你真的了解自己嗎？

這句語錄的關鍵字是「揣測」，而所謂的「揣測」就是盡管是沒有根據的妄想，依然信以為真。

曾經在網路上面看過某位名人說過一句話：「如果沒有判斷是非對錯的智慧與經驗，就不要刻意去猜測別人內心的想法，因為，你會做出自以為對的錯誤判斷。」的確，人與人之間的誤會，大都來自於我們用自己理所當然的想法，去妄自揣測別人心中在想什麼，殊不知，別人想的往往跟我們不一樣。

戴爾．卡耐基曾經寫道：「人們往往因為了解自己而富有，與其猜測別人怎麼評論你，不如把心思用來了解自己。」這句話告訴我們，只有將揣測別人到底怎麼想的時間用來了解自己，才是一種比較務實的做法。

22 好好活在當下，不要管過去和未來

心靈安全氣囊

不要只為了擺脫過去和為了未來打拼

我們所有的努力都是為了擺脫過去，和為了未來打拼，從來都沒有把努力的目標設定在當下的這一刻。要知道只要過好當下這一刻，就可以不必後悔過去，以及讓自己擁有希望的未來。

超譯沉思錄
022

就算自己可以擁有三千年，甚至數萬年的生命，都必須時時記著每個人所失去的和所享有的，都只是現在當下的生活，而且，無論生命長短，這個真理都同樣適用，換句話說，雖然每個人的過去並不一樣，但是現在的這一刻都是同樣平等的。

自思一下　不必去在乎「過去」和「未來」到底發生什麼事

這句語錄的關鍵字是「現在」，而所謂的「現在」就是當下經歷的這一分、這一秒。

清代金蘭生先生編述的《格言聯璧》，有句格言翻成白話：「不必計較過去的事，現在的事能做多少是多少，未來的事不必自尋煩惱。」的確，過去發生過什麼事，不必過於計較，因為，不論過去發生什麼事，畢竟都已經過去，另外，也不需要未雨綢繆，為了未來還沒有發生的事情，自尋煩惱，因為，未來還沒發生的事，會不會發生，都還是一個未定數。

換言之，只要確實地做好當下的事情，就可以不必去在乎「過去」和「未來」到底發生什麼事？

23 虛名就像肥皂泡泡，雖然美麗卻易碎

心靈安全氣囊

可以偶爾追逐一下「虛名」

人為了追求虛名，不惜散盡自己的家財，就只是想聽到別人跟自己說「你很成功」……

但是，如果「虛名」可以暫時滿足自己的自信心，偶爾追逐一下，倒也無傷大雅。

超譯沉思錄

023

命運實際上是無法占卜的，所謂的聲望也只是人云亦云的虛名，人的感知總有不足的地方，但人的身體終究會塵歸塵、土歸土…因此，一個人短暫倉促的一生，只是浩瀚宇宙中的「一粟」，宇宙中的星體才是真正巨大的「滄海」，而一個人的靈魂只是打轉一會時間的漩渦……

自思一下　別為了面子，打腫臉充胖子

這句語錄的關鍵字是「虛名」，而所謂的「虛名」就是並非源自於自身才能所帶來的名氣。

莎士比亞曾經寫道：「人們通常會為了身外的浮名，犧牲自己的良心，因此，世間的顯赫光榮，往往產生在罪惡之中。」

安德魯・卡耐基也曾經說過：「不追求虛名的人，才能獲得真正的實際利益。」

因此，我們實在不必去追求一個只能夠讓自己一時有面子，但卻可能會犧牲一輩子實際利益的「虛名」，殊不見，有些人為了所謂的面子，往往打腫臉充胖子，就只是想要獲得一句「你很優秀」之類的讚美。

24 讓人生沒有遺憾，本來就很困難

心靈安全氣囊

不要做生命的主人

我們都想做生命的主人，但卻只是生命的過客，因此，在期望和現實過度落差的情況下，我們才會把人生過的那麼累。很多勵志書告訴我們人生不要有遺憾，問題是根本做不到，因為沒有一個人可以擁有完全沒有遺憾的人生。

超譯沉思錄 024

生命總是在一場又一場的戰鬥中度過，我們都只是生命的匆匆過客，所有的好名聲也都會在死後銷聲匿跡…人類身體的一切彷彿匆匆逝去的流水，人的靈魂內在也只是黃粱一夢，隨時都可能在世間消失不見…

自思一下　生命稍縱即逝，不該浪費時間去追逐虛無的名聲

這句語錄的關鍵字是「過客」，而所謂的「過客」就是匆匆走過每一個地方，從不久居的旅行者，另一種意思，則是從別人生命中路過的人。

日本電影《送行者：禮儀師的樂章》有句對白：「其實，死亡並不是人生的結束，反而是前往下一個旅程的開始。」因此，不需對死亡過於恐懼，而是必須要有來到這個世界的我們都只是「過客」的人生體認。

德國學者克雷基曼曾經寫道：「如果你的人生如戲，死亡對你來說就是一件認真的事，如果你活得認真嚴肅，死亡對你來說就是一場遊戲。」換言之，想讓人生過得沒有遺憾，就看你用什麼心態來面對。

25 用視死如歸的心情去面對死亡

心靈安全氣囊

「死亡」是終點也是起點

為什麼許多人貪生怕死，總是在死亡將近的時候露出醜陋的臉孔？這是因為他們不懂得死亡雖然是人生的終點，卻也是另一段生命旅程的起點。

超譯沉思錄 025

死亡並不是什麼大不了的事，只不過是一堆生物細胞組成元素的解體而已，而且，既然事物在不斷變化的過程中，元素本身不會受損，既然死亡是符合自然法則，我們又何必擔憂組成人體元素的變化和分解呢？不如用一種視死如歸的正面心態去從容面對死亡。

自思一下 有「呼吸」並不代表「活著」

這句語錄的關鍵字是「死亡」，而所謂的「死亡」就是在一呼一吸之間發生了瞬間的停頓，但這個瞬間卻是永遠。

蘇格拉底曾經說過：「在死亡的面前，我們要思索的並不是生命的虛無，而是死亡讓生命變得更有意義這件事。」的確，死亡並不可怕，可怕的是在嚥下最後一口氣之前，都還不知道為何到這世間走這一遭，有些人雖然身體健康，但每天飽食終日，無所事事，活生生就像一個行屍走肉的「活死人」，這也難怪盧梭會告訴世人：「有些人生下來可能就已經死亡，但到一百歲的時候才走向墳墓。」

26

先處理心情，再處理事情

心靈安全氣囊

清除掉看似有用，但卻沒用的東西

不論在我們的內在或外在，儲存了太多表面看似有用，但實際上卻沒有太大用處的東西，因此，第一要務就是清除掉心頭的雜念。

超譯沉思錄
026

舉凡一切混亂的思緒，都源自你的想法，而這種胡思亂想是自己能力所能控制的。所以，在做出決定的時候，清除那些雜亂的思緒吧，這就猶如一個船長，只有繞過暗礁，才可能將輪船駛入一個風平浪靜的港灣。

自思一下　所有生活上的混亂，都源自內心的不平靜

這句語錄的關鍵字是「清除」，而所謂的「清除」就是去掉我們自認為有用，但實際上卻是無用的東西。

《靜思語》：「懂得愛物才會愛人，要先清除心的污染，做好心靈環保，才能做好大地的環保。」其實，我們每天都會定時清除家中的垃圾，但卻鮮少有人會每天定時清除心中的「垃圾」，要知道如果不懂得每天將心中堆積的「垃圾」清除乾淨，確實做好心靈環保的工作，就算每天念五百次阿彌陀佛和五百次阿門，也無法獲得一個平靜的心靈。

有句話說：「先處理心情再處理事情。」當我們被情緒牽著鼻子走、被外界的混亂搞得腦袋無法思考，應該明白所有不安的情緒波動，都是由於內心不平靜所導致，只有把心安定下來，才能平復紊亂的情緒。

27 別為小事驕傲過了頭

心靈安全氣囊

驕傲是謙卑的必經過程

其實，每個謙卑的人，都曾經因為身上的一些小事感到驕傲，但後來當他們發現這些讓自己值得驕傲的事，只是份內該做的事，並沒有什麼了不起，才開始學習如何謙卑。

超譯沉思錄
027

如果突然被提升到可以俯視塵世的高處，將會看到人類之間的差別有多大。同時，如果你多看一下自己的周遭，就會知道還有多少這樣的事物存在著；如果你經常用這種「提升」的方式思考，就會開始思考生命的短暫，以及那些事物還值得你驕傲？

自思一下　在傲慢之前，先思考真的有值得驕傲的地方嗎？

這句語錄的關鍵字是「提升」，而所謂的「提升」就是讓自己的生命境界更寬廣、更遼闊的一種動作。

亞里斯多德曾說：「人生最終價值不只在於生存，而是在覺醒和思考的能力。」

的確，在人生過程中，不該只將所有心力用於如何生存的這件事情上面，而是必須經常跳脫一些為了生存的瑣事，試著讓自己站在高處去思索和反省人生的最終價值，不該為了一些小成就，就開始傲慢，就開始用鼻子看人，而是必須先思考自己真的有值得驕傲的地方？

否則，就會像黑格爾所說的：「那些只會躺在坑裏，從不睜開眼睛仰望高處的人，永遠沒有出頭之日。」

28 不要想太多，煩惱自然就會比較少

心靈安全氣囊

適度的煩惱，可以未雨綢繆

我們經常為了還沒發生的事而煩惱，但是從某種角度來看，這種煩惱的行為，其實是一種未雨綢繆的行為，只要適度，並沒有什麼不好。

超譯沉思錄
028

當你還在為什麼事而煩惱的時候，肯定忘記世間的一切都是依循宇宙本性發生的，也忘記了所有發生的一切，現在在其他地方也正在發生著，你還忘記了一個人和整個人類之間，存在著多麼緊密相互聯繫的關係……

自思一下　讓我們煩惱的大事，在別人眼中只不過是一件瑣事

這句語錄的關鍵字是「聯繫」，而所謂的「聯繫」就是與萬事萬物之間連結的一種動作。

根據唯物辯證法的觀點：「事物之間的聯繫形式具有多樣性，任何事物都與周圍其他事物相互聯繫，沒有獨立存在的事物，其中有一種重要的聯繫形式就是事物之間那種引起和被引起的因果聯繫關係。」其實，身處群居社會的人們，沒有人可以不跟別人發生任何聯繫關係，就可以獨自在這個社會生存，因為即使在深山隱居，過著養雞種菜，自給自足生活的人，還是必須偶爾下山採買日常生活必需品。

其實，我們的煩惱大都跟周遭的人發生關係，只要跟周遭的人時常聯繫，保持良好關係，將會恍然發現自己所遇到的煩惱，在別人眼中可能只是一件芝麻小事。

29 不要盲目追求一些毫無價值的東西

心靈安全氣囊

人生價值不應建築在隨時都會花掉的金錢上面

為什麼越有錢的人，越不快樂？因為他們將自己的價值建築在金錢、名聲、事業等等外在事物上，卻忘了人生真正的價值在於內心的滿足。

超譯沉思錄
029

那些因擁有巨大名聲、財富或不幸、仇恨之類而引人注目的人，早已化為塵埃和傳說，有些甚至連傳說都沒有留下。因此，不妨好好沉思一下，人們熱烈追求引以為豪的事物，往往在竭力追逐之後，都會變得毫無價值，對一個人來說，如果發現自己曾經為最不值得驕傲的事情而驕傲，是最難堪的事…

自思一下 我們的價值由自己決定

這句語錄的關鍵字是「價值」，而所謂的「價值」就是對自我，或是對別人的一種評價，有助於促進人們向上前進的力量。

「曾經熱烈追求引以為豪的事物，往往在竭力追逐之後，毫無價值！」以上這句話是每個人都曾遇過的無奈，其原因就出在我們都曾經追求過一些對自己毫無價值的東西。

愛因斯坦曾說：「想要評定一個人的真正價值，並不困難，只要看他為了什麼事可以放棄『自我』？」其實，人生的價值並不以生命的長短來定義，而是在人生當中做出什麼貢獻來評斷？人生的意義，並不是在人生過程中獲得什麼，而是創造了什麼可以提升人生高度的價值觀。

30

知道自己渺小，不是一件容易的事

心靈安全氣囊

自己有多渺小，自己知道

如果不知道自己的渺小，永遠不知道什麼叫做偉大，這聽起來雖然有點在唱高調，但事實就是如此，就像如果一隻螞蟻從出生到死亡都待在它的螞蟻窩，它永遠不知道在人類眼中，自己有多渺小。

超譯沉思錄

030

面對沒有盡頭的時間，每個人分到的時間，渺小到在轉瞬間就會被永恆吞噬，對整個宇宙實體而言，分給人類的靈魂，也只是普遍靈魂中渺小的一部分，而你所在的位置在整個地球中，微小到無法用肉眼看到。

自思一下　不要站在自己的「視界」看世界

這句語錄的關鍵字是「渺小」，而所謂的「渺小」就是知道自己渺小，知道自己沒有想像中那麼偉大。

每個人都會在無形中犯了一個毛病，那就是都會無限地「放大」自己的一切才華和成就，也就是雖然在人前都會表現出一副謙虛的模樣，但是在內心卻永遠認為自己很優秀、很卓越、很偉大。

而這完全是因為我們永遠都是站在自己的「視界」看自己，才會始終不知道自認為偉大的那個「自己」，如果放在自己「視界」以外的「世界」，是多麼的渺小和微不足道。

31

退場需要勇氣，更需要智慧

心靈安全氣囊

練習如何完美的退場

在該放棄夢想的時候，斷然「放棄」，往往是讓「夢想」能否另起爐灶的重要關鍵。否則，在該退場的時候不退場，反而會讓夢想離自己越來越遠。

超譯沉思錄

031

解雇你的那個人已經滿意你的表現，滿意地退場吧！一齣戲是否完整，取決於要上演這齣戲的人，而最後決定停演這齣戲的，也是當初讓戲上演的人，而你卻永遠只能任人擺布。

自思一下　該退場時就退場，不要歹戲拖棚

這句語錄的關鍵字是「退場」，而所謂的「退場」就是在某一個領域盡完了責任和義務後，不帶任何壓力的離開，另一種意思就是「見好就收」。

力克．胡哲曾經寫道：「當你打算放棄夢想時，如果可以再多撐一段時間，就會發現拒絕退場的結果令人驚訝，因為夢想可能就在多撐的那段時間當中實現。」其實，當我們面對任何夢想，並非都一定要「堅持到底」，有時候，如果發現這個夢想和現實有段不算近的距離，如何拿捏「退場」的時機，就變得非常重要了。

32 「利益」是所有友誼的起點

心靈安全氣囊

友誼建構在共同的利益上

任何「友誼」都是由雙方共同的利益所組成的，這說起來雖然有點現實，但卻是一個你不得不接受的事實。

超譯沉思錄
032

宇宙本性創造所有的理性動物時，希望彼此之間可以相互依存，並且為相互的利益彼此幫助，而且，絕對不能做出互相傷害的不虔誠行為，但這些理性動物所表現出來的行為，卻往往背道而馳。

自思一下　任何友誼都是由雙方共同的利益所組成

這句語錄的關鍵字是「利益」，而所謂的「利益」就是讓自己和別人能夠相互交換和共同成長、茁壯的資源，另一層意思則是滿足各自目的的一種東西。

斯特林堡曾經說道：「只有在相互滿足彼此的利益時，友誼這種關係才會堅固。」的確，兩個在理念上南轅北轍的人，之所以會成為朋友，大都是因為兩人有一個共同的利益，也就是在共同追求這個利益的前提下，才會有所謂的堅固「友誼」。

33

說謊是濫用別人對你的信任

心靈安全氣囊

「說謊」是為了逃避應負的責任

英國散文家黎里說過：「做人如果不老實，就別奢望可以獲取別人的信任。」的確，說謊，雖然可以快速地騙取別人對你的信任，但也是破壞自己人格最快的方式。

超譯沉思錄
033

故意說謊的人，當然必須為了說謊的欺騙行為，背負起不敬之罪；而無意說謊的人，同樣也必須背負起不敬之罪，因為他畢竟說了帶欺騙性質的內容，把自己置於和真理對立的困境。

自思一下　為什麼說謊的人總是被別人看不起？

這句語錄的關鍵字是「說謊」，而所謂的「說謊」就是一種為了獲得本身的利益，或是為了逃避應負的責任，用沒有根據的說法來模糊真相的行為。

貝多芬曾說：「任何人只要說一句謊話，就失去了純潔的心。」

伊索也曾經寫道：「只要一旦說了謊話，就會即使說了真話也沒有人相信。」的確，說謊雖然可以暫時逃避掉自己不想面對的問題，或是立即獲得想要獲得的東西，但是一旦被人發現自己說謊，即便在爾後說真話，也不會有人相信。

34 你有踏出「舒適圈」的勇氣嗎？

心靈安全氣囊

只有嘗試，才能讓失敗變成成功的機會

勇敢踏出自己熟悉的「舒適圈」，才是一個人敢於挑戰自我的勇氣表現，只要能夠勇於嘗試，就算經歷過無數次的失敗，還是會有取得成功的機會！

超譯沉思錄
034

只想貪圖享樂，不想嘗試痛苦的人，往往會認為這個世界根本沒有按照善人惡人的各自表現來進行分配所得，譬如很多惡人經常擁有可以帶來快樂的事物；而很多善人卻擺脫不了會帶來痛苦的事物，而且，每天活在痛苦的煎熬之中……

自思一下　你敢離開「舒適圈」，去做自己能力以外的嘗試？

這句語錄的關鍵字是「嘗試」，而所謂的「嘗試」就是大膽學習新的事物、進入全新的未知領域。

蕭伯納曾經寫道：「如果害怕嘗試錯誤，就讓自己一直無所事事，這樣的人生毫無價值可言。」

愛默生也曾經說過：「除非嘗試去做你不熟悉的事，否則，就會在原地踏步。」的確，如果只為了安逸，每天只做自己拿手熟悉的事，以及待在永遠不會遇到挫折的「舒適圈」，既不敢去嘗試沒有把握的事，也不想去做自己能力以外的嘗試，那麼就永遠無法擁有一個讓自己驚喜的精采人生。

35 不能讓自己的心靈破產

心靈安全氣囊

別讓自己的人生失控

喪失理性的人會失去了控制自我的能力，而沒有辦法控制自己，當然也就不可能控制自己的人生，到最後就會讓人生陷入一團混亂。

超譯沉思錄 035

理智的喪失是一場比周邊空氣的污染和惡化都要來得嚴重的「瘟疫」，因為，就算是某種瘟疫，最多也只是動物們的瘟疫而已，而理性喪失的「瘟疫」，則是發生在人的內心，而且會影響人的一輩子。

自思一下 不要喪失自信和自我

這句語錄的關鍵字是「喪失」，而所謂的「喪失」就是失去了某樣重要的事物，而且再也無法挽回。

有位哲人說：「一個人可以喪失財富，可以喪失地位，喪失所有的身外之物，但就是不能喪失熱情、喪失自信、喪失自我。」的確，一個喪失自信和自我的人，即使他擁有再多的財富和再高的地位，也只不過就是一個「外在財產」家財萬貫，「心靈財產」家徒四壁的可憐之人。

因此，我們寧願喪失外在所有的一切財產，也不要喪失「自我」和「自信」這些最重要的「心靈財產」。

36 做好準備，才能因應突如其來的改變

心靈安全氣囊

不接受改變，就等著被淘汰

越能接受改變，越能提前做好因應改變的準備，而抗拒改變的人，最後的下場就只有被淘汰這條路可走。

超譯沉思錄
036

不要蔑視死亡，而是應該欣然接受，舉凡從青春年少到滿頭白髮，從年幼無知到懂得世故，還有懷孕生小孩和撫養孩子等，都會因生命季節變換而產生自然變化…當然死亡也不例外。

自思一下 任何對變化的抗拒，都是徒勞無功

這句語錄的關鍵字是「變化」，而所謂的「變化」是在一段時間之後，事物跟一剛開始時漸漸顯得不太相同，另一種意思是我們都會隨著生命季節的自然變化，變高、變成熟，甚至變得有點世故。

古希臘哲學家赫拉克利特曾經寫道：「你不能踏進同一條河流兩次，因為新的河水不斷地流過你的身旁。」其實，在這個世界每一樣東西，每一分、每一秒都在變化著，只不過是有時候它們的變化，並不是肉眼可以發覺，就像人體的細胞，每一分，每一秒都有舊細胞死亡和新細胞的生成，但我們卻渾然不知一樣，因此，只有隨時做好準備，才能隨時因應突如其來的改變。

第三輯

今天把你捧上天堂的人
明天會把你打入地獄

面對別人在人前讚美自己，人後卻詆毀自己的偽善嘴臉，我們都會感到無力和無奈，但只要懂得把別人對自己的詆毀和讚譽都當做耳邊風，也就不會再去在乎別人在「人前」和「人後」兩個模樣了。

THE
MEDITATIONS

37 別讓明天的煩惱，提早在今天出生

心靈安全氣囊

不要將任何煩事放在心上

根本斷絕煩惱的方法就是不要去煩惱已經發生和還沒發生的事，因為已經發生的事都已經發生，煩惱也沒用，還沒發生的事，搞不好不會發生，何必提早煩惱。

超譯沉思錄
037

我今天終於走出了所有的煩惱，或者可以說是把所有的煩惱都拋諸腦後，因為煩惱不是在外部，而是在內在的思想當中，萬事萬物皆在無形中發生變化，從某種角度來看，甚至是在無休止的毀滅，因此，不要再將時間花在無謂的煩惱上面。

自思一下

你今天所煩惱的事情，到底有幾件會在未來發生？

這句語錄的關鍵字是「煩惱」，而所謂的「煩惱」通常都是在我們的心中發生，但卻不會在現實世界發生的事情。

有人說：「我們經常在做讓明天的煩惱，提早在今天出生的蠢事。」的確，我們經常會煩惱還沒有發生，甚至是根本不會發生的事，而且，還會搬出一些聖人所講過的話，譬如「人無遠慮、必有近憂」來合理化自己提早煩惱的行為。

然而，我們是否曾經想過，與其花時間去煩惱未來不一定會發生的事，還不如將這些時間用來做好當下正在發生的事，可能還比較實際。

38 不要讓自己的「心靈」領「失落救濟金」

心靈安全氣囊

不要變成自己曾經討厭的樣子

所謂的「靈魂」就是每個人最真實的樣子，但是每個人卻都會因為開始為了掙三餐溫飽，因而讓利欲汙染了靈魂，讓自己變成自己曾經討厭的樣子。

超譯沉思錄
038

如果有人譴責或嫉妒你，或者有人在背後說你的壞話，不妨去貼近他們可憐的靈魂，並深入其中看看他們究竟是什麼樣的人，你將會恍然發現，根本沒有必要因為他們對你這樣或那樣的意見而感到煩惱。

自思一下　失去靈魂的人，跟死亡沒有什麼差別

這句語錄的關鍵字是「靈魂」，而所謂的「靈魂」就是每個人最真實的樣子。

馬克．吐溫曾經寫道：「在穿著和打扮上可以不修邊幅，但千萬不可讓靈魂披頭散髮。」

蒙田也曾經說過：「物質上的匱乏很容易補足，但是精神上的貧窮卻很難彌補。」其實，一個人在物質上可以一無所有，但是在精神上必須始終保持「富有」，因為，無論物質上如何貧乏，但只要精神心靈層面不貧窮，我們的生活仍然可以過的很快樂。換句話說，在物質上，可以當三級貧戶，但是千萬不要讓自己的「心靈」領「失落救濟金」！

39 沒有行動，計畫永遠是計畫

心靈安全氣囊

不要只會空口說白話

為什麼我們總是看不起「說」比「做」還多的人呢？因為沒有行動的言論，都是虛假的和空洞的，而只會空口說白話的人，其實跟說謊的人沒什麼兩樣，當然會遭到別人的厭惡。

超譯沉思錄
039

人還是依照自我的本性做應該做的事吧，如果還有力量，就趕快行動起來，不要在乎周遭的人是否注意到你，也不要去夢想什麼柏拉圖的理想國⋯因為這些在想像中的「美好」，都不如自己腳踏實地做好每件事來得實際。

自思一下 **思考永遠只是計畫，行動才能走向成功**

這句語錄的關鍵字是「行動」，而所謂的「行動」就是為了某項目的，而進行一連串的動作。朗費羅曾經寫道：「腦袋裡面裝著行動而不是信念，將對滿足我們的需要有很大的幫助。」德謨克利特也曾經說過：「只會口沫橫飛而絲毫不肯有所行動的人，是虛情假意的偽善之人。」的確，一個只會說不會做的人，不論他的話說得多漂亮、多麼動人，也無濟於事，這就像一個想要騎單車環島的人，不論將單車環島計畫講得多周全，如果不馬上騎著單車出發，那麼他的那個計畫永遠也只是一個不會實現的「口水計劃」。

40 今天把你捧上天堂的人，明天會把你打入地獄

心靈安全氣囊

不要在乎別人對自己的詆毀

面對別人在人前讚美自己，人後卻詆毀自己的偽善嘴臉，我們會感到很無奈，但只要懂得把別人對自己的詆毀和讚譽都當做耳邊風，如此一來，也就不會在乎別人在「人前」和「人後」兩個模樣了。

超譯沉思錄
040

不論是生活在過去、現在，或是在你離世之後的人們，有多少人連你的名字都不知道，甚至很快就會將你的名字忘掉，那些現在也許在誇獎你的人，也可能很快又會詆毀你。因此，所謂的死後英名根本毫無價值可言，名望如此，其他事物也同樣如此。

自思一下　在詆毀別人的同時，也貶低了自己

這句語錄的關鍵字是「詆毀」，而所謂的「詆毀」是藉由謾罵和抹黑等等不正當的手段，來毀損他人的名譽，而且也是一種傷害別人，自己也佔不到便宜的愚蠢行為。

美國開國總統華盛頓曾經說過：「在詆毀別人的同時，也貶低了自己。」的確，當我們用不實、不堪入耳的言論詆毀別人的時候，雖然達到想要詆毀別人的目的，但同時也顯現出自己的德性缺乏修養的缺點，因此，也就等於在貶低自己。所以，千萬不要做出自己貶低自己的這種損人不利己的詆毀他人行為。

41 正確的判斷，通常以「利益」為前提

心靈安全氣囊

對自己最有利的決定，難免會傷到別人

只有擁有正確的判斷能力，才能讓自己做真正重要的事情，而不被無關緊要的事情，拖住自己前進的腳步，但很多人往往因為利害的關係，做出對自己有利，卻傷害到別人的判斷。

超譯沉思錄
041

將那些煩擾的事物，特別是毫無用處的東西全部清除出去，完全取決於自己的判斷，如果判斷正確，將為自己贏得更為廣闊的心靈空間，只要心中可以容納整個宇宙，就能夠理解時間的永恆性，並且洞察每一事物的瞬息萬變。

自思一下　即使親眼所見，也不一定是事實

這句語錄的關鍵字是「判斷」，而所謂的「判斷」是對正在發生的事情，分析其中利害關係並做出決定。古羅馬哲學家塞內加曾說：「我不憑眼力辨識人，而是用心識人，因這樣得出的判斷才是正確的。」的確，我們在重要的關鍵時刻，千萬不能只依據自己眼睛所看到的「事實」，來做為判斷事情的依據，因為，有時候即使親眼所見，也不一定是事實。

因此，為了不讓自己的「判斷」被眼睛所見的事實左右，必須要用腦袋來思考自己「眼見」的，是否真的就是事實？

42 提高專注力，才能提高做事效率

心靈安全氣囊

將事情做好，而不只是做完

當一個無法解決的困難出現了，最好的辦法就是先繞過它，如此一來，才能騰出更多的時間，更有效率地去做對自己更有用、更有價值的事情。

超譯沉思錄 042

應當正視的問題是生命之火無時無刻都在燃燒著，所剩下的部分只會越來越少，此外，還應當知道，就算一個人能夠擁有很長的壽命，並不代表他的理解能力就能夠解開以前無法領悟的道理，因此，必須把握時間、提高效率，因為我們不但一天天接近死亡，而且對事物的理解能力也在一天一天衰退。

自思一下　是不是經常會被眼前問題困住，讓自己一直在原地踏步？

這句語錄的關鍵字是「效率」，而所謂的「效率」是有效利用最短時間完成事情的關鍵能力。因為只有做事注重效率，才能在自己短暫的生命之中，做出更多讓人生精彩豐富的事。

培根曾經寫道：「如果商品的價值標準是金錢，那麼效率的價值標準就是時間，因此，一個做事缺乏效率的人，必須付出昂貴的時間做為代價。」的確，一個辦事缺乏效率的人，經常必須花比別人還要多的時間，才能將事情做好。

然而，做事缺乏效率的人，往往是因為無法將專注力擺在自己正在做的事情，就誠如日本經營之神松下幸之助所說的「真正能產生工作效率只有全神貫注，忙碌和緊張充其量只能帶來緊繃的工作情緒。」

43 讓意外成為推動人生前進的「意外」

心靈安全氣囊

讓「意外」變成人生助力

如果想讓意外變成人生的助力而不是阻力，就必須隨時做好準備，只要懂得時刻準備好迎接意外的到來，就算是從天而降的巨石，也可以輕易變成一步登天的墊腳石！

超譯沉思錄

043

麵包的表面在烘烤時會出現一些不規則的裂紋，而這些意外產生的不規則裂紋本身，並非麵包師傅本來想要獲得的效果，類似的例子還有無花果，無花果在成熟時也崩裂開一些不規則的裂痕⋯然而，這些不規則的裂痕，卻意外地以一種獨特方式刺激人們的食欲⋯

自思一下　想要獲得的成就，往往在意外之中獲得

這句語錄的關鍵字是「意外」，而所謂的「意外」是出乎人意料之外，讓人始料未及的發展。

撒母耳・詹森曾經寫道：「在人生道路上偶然落下的種子，意外生長起來的花朵，往往會散發出讓人難忘的芳香。」其實，在現實生活中，夢寐以求、朝思暮想的事情，經常都是在偶然之中意外達成的，人生有很多重大成就，往往都是在意外之中產生，最著名的例子就是研發感冒藥失敗，意外研發出的可口可樂，因此，只要有心，每個人都可以讓自己的「人生意外」，研發出屬於自己的「可口可樂」。

44 「命中注定」真的無法改變嗎？

心靈安全氣囊

不要用「宿命」當成藉口

戴爾·卡耐基曾經寫道：「只要有一絲解決困難的機會，就不要輕易低頭，不要因為相信宿命，就屈服於降臨在自己身上的一切苦難。」的確，不能一遇到挫折就用「宿命」當成藉口，不能一遇到困難，就只會說這一切都是宿命的作弄。

超譯沉思錄 044

對很多人的死亡做出預言的占卜師，也無法擺脫死亡；一生攻城掠地、殺敵不計其數的亞歷山大和凱薩，最終也難逃一死；對宇宙間大災難做了很多預測的赫拉克利特，卻因水腫病而死……上述這些例子意味著每個人的一生就像經歷著登船起錨、揚帆遠航、拋錨停船、登陸上岸的過程，沒有人可以逃著過這種宿命的輪迴。

自思一下 你要做命運的主人？還是命運的奴隸？

這句語錄的關鍵字是「宿命」，而所謂的「宿命」就像是每個人出生前，就已經被寫好的劇本一樣。

為什麼我們總是會把一切跨不過去的難關，都歸類成「命運的作弄」？因為，一遇到挫折和困難的我們，總是在失敗了一次的時候，就消極地告訴自己這次應該過不去了，這一切可能是自己的「命中注定」。

法國文學家羅曼·羅蘭也曾經說過：「那些缺乏意志力的弱者都會用宿命論當藉口。」當我們遇到沒有辦法解決的問題時，大都會把它歸於命運，意志消沉的人還會對自己說：「這一切都是命運的安排，自己也只好聽天由命。」但事實真的是如此嗎？其實不然，也就是即使真的命該如此，也要勇於向命運挑戰。

45 面對別人的「讚美」，不要太認真

心靈安全氣囊

對你有所求，才會讚美你

突然讚美你的人，往往是現在或是未來對你有所求的人，否則從來沒有讚美過你的人，不會平白無故白地讚美你。

超譯沉思錄
045

不必對所有人的意見都認同，而只需去堅持與認可那些遵循自然規律的看法與意見。相對的，對於任何人對我們的讚美，不必表示認同和讚許，因為他們可是對我們從來沒有感到滿意過。

自思一下 別人的讚美比不過我們對自己的讚美

這句語錄的關鍵字是「讚美」，而所謂的「讚美」就是誇耀某項人事物身上值得宣揚和學習的卓越特質。德謨克利特曾經說過：「讚美好事是美好的，但對壞事加以讚美則是和詐騙的行為，沒什麼兩樣。」的確，沒有人不喜歡被人讚美，因此，「讚美」這個東西是一項最容易跟別人拉近距離的「利器」，而這也促使有些人為了達到一些利己的目的，往往會濫用「讚美」，最後導致原本崇高寶貴的「讚美」，瞬時，變得很普通、很廉價。

然而，只要在別人「讚美」自己的時候，提醒自己不要太「認真」，就不會在別人讚美自己的時候，露出沾沾自喜和喜形於色的模樣。

46 沒有方向的努力就是窮忙

心靈安全氣囊

儘管非常忙碌，卻無法獲得應有的結果

如果光是忙碌而不懂得思考，那麼不過是白費力氣而已，因為，能夠幫助我們向上攀升的，從來都不是耗費體力和精力的事情，只有運動自己的腦袋，善用自己的腦力，才不會讓自己變成一個「窮忙族」。

超譯沉思錄
046

凡事要做到考慮周全和心無旁鶩，不要只拘泥形式，而放棄了實質上的思考，也不要去做一個誇大其詞的人，更不要做一個兩頭忙、最終卻碌碌無為的人。

自思一下　只要認真過好每個當下，就不會白忙

這句語錄的關鍵字是「碌碌無為」，而所謂的「碌碌無為」就是儘管非常忙碌，卻無所作為、得不出實際的結果。

奧斯特洛夫斯基在《鐵是怎樣煉成的》寫道：「人，應當這樣度過一生，當他回首往事時，不因虛度年華而懊悔，也不因碌碌無為而悔恨，這樣在臨死時，就能夠驕傲地說：『我已經把全部時間，都獻給生命。』」

的確，我們來到這個世界上，並不需要追求多大的功成名就，只要認真努力地過好每一天、每一個當下，不要讓自己無所事事，碌碌無為，那麼這輩子也就夠了！

47 寧靜是一種對抗負面情緒的「靜能量」

心靈安全氣囊

內心寧靜，不會受到外在影響

真正的內心寧靜，是即使身處熙來攘往的鬧市之中，臉上仍然看不出一絲混亂的情緒線條。

超譯沉思錄
047

時刻讓心靈處於平靜狀態，如此一來，不需要別人的背書和保證，就可以讓內心永遠保持快樂，而且不需要別人給予的幫助與施捨，也不需要外界的賜予，就能達到內心寧靜的狀態。

自思一下　只有自己能帶給自己寧靜

這句語錄的關鍵字是「寧靜」，也就是沒有情緒也沒有動搖，內心如同靜止水面一樣的狀態。

莊圓法師曾說：「這世界就像一面鏡子，是你所看到、遭遇到的現象，如果你內心充滿祥和的寧靜狀態，你的世界也會處處都是祥和的景象，如果你的內在充滿了憤怒、衝突、鬥爭、怨恨、不滿，你的內心就會累積了強大的負面情緒和負面能量。」

的確，內心的寧靜就是幫助我們對抗因為外在環境所引起的憤怒、怨恨、不滿……等等負面情緒的「靜能量」，因此，必須經常做正向思考，讓內心保持寧靜，如此一來，即使在混亂的狀態之下，依然可以享受內在寧靜的快樂。

48 不要為了讚譽和權力，成為別人的奴隸

心靈安全氣囊

將時間花在找出自己的優勢

很多時候找出自己的優勢，比克服自己的劣勢重要，因此，與其將時間花在克服自己的劣勢，還不如將時間花在找出自己的優勢。

超譯沉思錄
048

一旦誤入歧途，嘗到「甜頭」，就很難再集中精力去追求那些真正適合你的事物了。任何其他的事物，比如眾人的讚譽、權力的授予、物質的享受等都不應該拿來和理性、實踐之善相媲美。所有這些讓你愛不釋手的東西，雖然在表面上似乎可以讓自己適應於更好的事物，但卻可能在此之後，佔據優勢並統治依賴它們的我們。

自思一下　不要讓「優勢」成為自己成功的阻力

這句語錄的關鍵字是「優勢」，也就是只要占據「優勢」，就能讓自己成為別人的統治者。

某位廣告才子曾經說過：「許多時候，我們不是跌倒在自己的缺陷上，而是跌倒在自己的優勢上，因為缺陷常常給我們提醒，而優勢卻常常使我們忘乎所以。」因此，如果擁有別人沒有的優勢，不僅不能得意忘形，反而必須更加謙虛地去想想自己的這項優勢，還有沒有不足以及需要加強的地方，如此一來，才不會讓自己的「優勢」成為邁向成功的阻力。

另外，這句語錄告訴我們，不要過於沉迷於別人對自己的讚美，以及別人授予我們的權力，因為這些來自別人的讚美跟權力，其實就像嗎啡一樣，一旦上了癮，就會讓自己被這些給予我們讚美和權力的人所控制。

49 不要陷入「好，還要更好」的慾望深淵

心靈安全氣囊

做自己欲望的主人

法國文學家羅曼・羅蘭曾經寫道：「當你被欲望左右時，當初追求夢想的熱情，就會被熄滅。」這句話告訴我們，一個人只有可以做到控制自己的慾望，激發自己求知的熱情，才能開創自己的美好的人生。

超譯沉思錄 049

不要把那些足以讓你違背諾言、喪失自尊、陷入憎恨、猜疑、詛咒、偽善以及需要透過掩飾來滿足欲望等之類的東西，看做是對你有利的事情，在整個人生中，應該只關心一件事，那就是自己的思想有沒有偏離成為一個理性之人的正常軌道。

自思一下　不要只看到自己沒有的，而沒有看到自己所擁有的

這句語錄的關鍵字是「欲望」，而所謂的「欲望」就是自己內心非常想要，卻經常在應該克制的時候克制不了的東西。

英國詩人彌爾頓曾經說過：「不要設法滿足慾望，而是要有所限制，這是我追求幸福的方法。」的確，一個想要追求幸福的人，首先應該要學會知足，而不是一直對自己的現狀不滿足，想要讓自己好還要更好。

另外，為什麼我們對目前所擁有的永遠不能滿足？因為，很多勵志書都告訴我們不能滿足於目前的現狀，必須好還要更好，殊不知，正是因為這種不懂得知足的不滿足心態，讓自己陷入欲望的痛苦深淵。

50 退隱山林，還不如隱居心靈

心靈安全氣囊

心態決定內心的寧靜狀態

只要懂得轉個念頭，讓自己退到任何人都無法打擾的心靈世界，那麼即便自己身處塵世，照樣可以過著內心寧靜的自在生活。

超譯沉思錄 050

每個人都在為自己尋找一種隱居於鄉野或山林的生活，而且對這種隱居生活簡直羨慕得要死。但是，這種退隱的想法通常是凡夫俗子們共有的特徵，因為，無論一個人退到什麼地方，都不如退入讓自己可以獲得更多的寧靜，並擺脫所有煩惱的內心靈魂深處。

自思一下　只要轉個念頭，依然可以在塵世過隱居生活

這句語錄的關鍵字是「隱居」，而所謂的「隱居」並不是真的要住在鄉野或山林，而是要讓自己擁有「隱士」的心態。

有位哲人曾經說過：「這個世界上沒有一個地方比自己的心靈世界更寧靜、更適合隱居，換句話說，與其追求外在的寧靜，還不如追求內心的寧靜還比較實際。」

的確，在現實生活中的我們，經常會認為只有像以前的一些隱士退隱山林，不問世事，才能讓自己過著心靈平靜的生活，殊不知，只要心靈保持寧靜，就算住在人聲雜沓的鬧區，依然可以過著隱居的生活。

51 你有勇氣承認錯誤嗎?

心靈安全氣囊

處理事情之前，先處理心情

當有人犯了錯誤惹怒我們的時候，首先讓自己的心情平靜下來，不要去想這些過錯該怎麼收拾，因為這不是當務之急，最重要的是如何讓心情平靜，因為，只有擁有一個平靜的心情，才能好好的處理事情。

超譯沉思錄
051

人類是一種為彼此而存在的理性動物，克己忍耐是不可或缺的一部分，即使偶爾會犯錯，也是在不知不覺中做出…重新回想一下，有多少人因為互相的敵意、猜忌、憎惡、蠻力爭鬥，而喪失寶貴生命。

自思一下 成功者與失敗者最大的差別，就在於成功者有承認錯誤的勇氣

這句語錄的關鍵字是「犯錯」，而所謂的「犯錯」通常指的是明知不對，卻還心存僥倖去做的一種以為不會被發現的錯誤行為。

蘇格拉底曾經說過：「人可以犯錯，只要不要犯同一個錯誤就可了。」

貝弗里奇也曾經寫道：「犯錯是無可避免的，只要能及時覺察並糾正就好，謹小慎微的科學家如果不犯錯誤，也不會有所發現。」的確，只要是人，沒有人不會犯錯的，因為，就算是聖人也都會犯錯，更何況是一般的平凡人呢，而重點是在犯了錯之後，有沒有承認錯誤的勇氣，以及立即改正錯誤的能力。

52 痛恨阿諛奉承的人，往往只痛恨阿諛奉承的方式

心靈安全氣囊

沒有人不喜歡聽「好話」

我們都知道別人奉承自己的目的，但卻都會在無形中幫助奉承我們的人，達到目的，因為，我們對一些奉承自己的「好話」，幾乎沒有防範之心。因此，如果不想讓奉承者得逞，當別人說「好話」時，不妨左耳進右耳出，別放在心上。

超譯沉思錄
052

如果，追求虛名的欲望仍在苦苦地折磨你，只要看一看世間褒貶之言，皆會歸於空洞，幾乎所有的事情都會在轉瞬間被人遺忘，而虛假的阿諛奉承者如牆頭草，只會看風向製作出讚美之詞，應該就不會再去苦苦追求折磨你的虛名…

自思一下　別人辱罵我一分鐘，也勝於阿諛奉承我三個月

這句語錄的關鍵字是「奉承」，而所謂的「奉承」是用誇張虛華的言語來諂媚對自己有利益的人。

法國作家拉羅什富科曾經寫道：「有時人們雖然痛恨阿諛奉承，卻只痛恨阿諛奉承的方式而已。」的確，在現實生活中的我們都很痛恨阿諛奉承這種諂媚的行為，但卻也都在不知不覺中，不會去排斥別人奉承自己。

法國作家巴爾扎克曾經說過：「不要光聽好聽的，因為香料雖香，卻會使人暈眩，因此，別人辱罵我一分鐘，勝於阿諛奉承我三個月。」的確，如果不想讓奉承毒害自己的身心，助長自己的虛榮，就必須像巴爾扎克一樣拒絕別人對自己的奉承行為。

55

放下自己的成見，虛心接受別人的修正

心靈安全氣囊

沒有人可以百分之百正確

美國詩人詹・拉洛威爾所說的：「只有傻瓜和死人，才不想修正自己的觀點。」因為沒有人可以百分之百正確，因此，我們何不抱著「有則改之，無則嘉勉」的心理，來面對別人對自己的指責呢？

超譯沉思錄
055

一個人不論做任何事都必須依照別人的理性建議，做有利大眾利益的事情，另外，如果身邊的人糾正了你的錯誤，並修正了你原來對事情的看法，那就放下自己的成見，遵照他們的意見去做修定吧。

自思一下　我們不可能永遠走在正軌上，適時的修正是必要的

這句語錄的關鍵字是「修正」，所謂的「修正」就是將歪斜掉或偏差的地方進行些微的調整，以便適時地導正歪斜或偏差的一種動作。

達・芬奇曾說：「別人指責你的意見，如果有理，就虛心修正錯誤，如果沒理，就當成耳邊風，不必在乎別人跟你說什麼，但可以透過討論間接點出他不正確的地方。」

的確，在現實生活中，總會遇到一些指責自己的人，但是我們有沒有想過，別人之所以會指出我們的錯誤，一定有他的道理，因此，不要一味地排斥或置之不理，而是要虛心的反省是不是有哪裡做錯了？

54 與其抱怨，還不如把時間用來「抱願」

心靈安全氣囊

「抱怨」並不會讓心情好一點

當我們遇到麻煩的時候，時常會用抱怨來讓心情好一點，但心情不僅沒有因此好轉起來，反而變得更糟，其實遇到麻煩時，比較好的做法是將抱怨的精力和能量化成讓自己向上的動力。

超譯沉思錄
054

在不久之後，我們都會死亡，而且，我們的名字也會被人忘得一乾二淨，只要將成見與不滿拋到一邊，就不會再有「我受到傷害」這種抱怨，只要把這些不必要的抱怨全部拋諸腦後，你所受到的傷害才能在最終變成空氣。

自思一下　把抱怨的時間拿來處理善後，是比較有效率的方法

這句語錄的關鍵字是「抱怨」，而所謂的抱怨是將發生在自己身邊的麻煩主因，歸咎到別人身上。

卡耐基曾說：「批評或抱怨常常會傷害一個人寶貴的自尊，真正有智慧的人，絕不會因想讓對方接受自己的意見，就輕易地批評或抱怨對方。」的確，我們經常會因為別人沒有如自己的願，就不禁地批評和抱怨起別人，卻都沒有想過這樣的批評和抱怨，不僅對事情一點幫助都沒有，還會引起對方的反感或反彈。

羅曼．羅蘭也曾經寫道：「如果想成功，只有把抱怨環境的心情，化為上進的力量。」因此，與其一天到晚，抱怨別人或抱怨環境，還不如將抱怨的時間和精力用來做一些可以幫助自己如願的事情，還比較實在。

第四輯

丟去多餘的東西
人生才會變簡單

人生沒有那麼沉重，是你一直把一些沒有需要的東西加在自己身上，才會讓肩上的包袱重到讓自己無法承受，然而，只要捨得丟棄那些多餘沒有需要的東西，只要懂得用「減法」取代「加法」的生活方式，自然就可以讓自己的人生變得輕鬆和簡單。

THE
MEDITATIONS

53 想過什麼生活，沒有人可以幫你決定

心靈安全氣囊

堅持自己的初心，不要管別人說什麼

為什麼有些人能在大家都不看好的行業逆流而上，甚至達成所有人努力一輩子都達不到的成就呢？因為，他們能堅持自己的初心和看法，而且不受到閒言閒語所影響。

超譯沉思錄
053

當你面對一大堆事情的時候，應該選擇先做手頭緊急的工作，其他的先放在一邊。而在其他不緊急先做的事情中，可以分為兩大項：一是不觸及心靈深處的身外之物；另一項則是頃刻間即成為過眼雲煙的事物，最後必須切記在不斷的變化過程中，想過什麼生活取決於你自己的看法。

自思一下　人生只有一次，用自己的看法去過生活

這句語錄的關鍵字是「看法」，所謂的「看法」就是一個人對事物的主觀或客觀的想法和感覺。

法國文藝復興後期思想家蒙田曾經寫道：「折磨人的不是事物本身，而是人們對事物的看法。」

俄國十九世紀小說家屠格涅夫也說過：「用不著考慮別人對自己有什麼看法，因為人們對你，不外乎是佩服或者憎恨。」的確，在現實生活中，如果想要過的快樂，確實不需要太過於在意別人對自己的看法，因為，每個人都有自己看事情的角度，也就是別人認為的你，並不就是真正的你，因此又何必太去在乎自己在別人眼中，到底是一個什麼樣的人呢？畢竟，人生只有一次，當然要靠自己的看法去過生活。

56 不要用「嘴巴」做善事

心靈安全氣囊

「做善事」必須說到做到

古羅馬喜劇作家普勞圖斯曾說：「除非真的去做好事，否則，『本想行善』只是一句口水話。」的確，想要行善的你，必須說到做到，千萬不要做一個只用「嘴巴」做善事的人。

超譯沉思錄

056

在尚有能力做好事的有生之年，趕快去積極行善吧，而不要讓自己在可以活上一萬歲這種不可能的假設之下活著，因為，死亡之神可是隨時隨地注視著我們。另外，如果想省去不必要的煩惱，就不要刻意去打聽左鄰右舍的一舉一動，只要把時間用來關注自己就夠了。

自思一下　做善事，是一種「穩賺不賠」的「心靈投資」

這句語錄的關鍵字是「行善」，而所謂的行善就是幫助週遭的人解決問題卻不求回報的高超行為。

十九世紀美國作家梭羅曾經寫道：「做好事這件事是唯一不敗的投資。」的確，在現實生活中，行善做好事是一種「穩賺不賠」的「心靈投資」，只要懂得在日常生活中做好事，或許無法立即得到相對的回報，至少不會因為做壞事，立即讓自己惹禍上身。

而這也就是為什麼很多企業家紛紛成立基金會來幫助生活貧困的人，因為揮霍金錢，只是瞬間滿足個人物質的享受，只有在幫助別人之後，才能讓身心感覺到滿足和富裕的。

57 再響亮的「名氣」，往生之後就會被自動刪除

心靈安全氣囊

「名氣」也有「有效期限」

「名氣」的「有效期限」短則三天五天，長則也頂多在你的告別式的隔幾天，就會自動消失在人們的記憶之中。

超譯沉思錄
057

特別關注死後英名的人，從來沒有想過就算是能夠記住他名字的那些人也將很快跟著他一起往生；其實，人的名聲都是透過這些盲目崇拜，最終同樣難逃死亡的「鐵粉」來傳播的，而即使是這些盲目「鐵粉」的後代，同樣也難逃一死。

自思一下

「名氣」就像香水一樣，一開始很香，久了也就變成空氣了

這句語錄的關鍵字是「英名」，而「英名」就是一種在生前不可一世，但在死後卻可能一文不值的東西。

知名作家韓寒曾經說過：「看來名氣就彷彿後腦勺的頭髮，本人是看不見的，旁人卻一目了然。」

法國作家巴爾扎克也曾經寫道：「名氣似乎跟太陽一樣火紅，遠遠看去，發出耀眼的光芒，但當你靠近它的時候，卻和阿爾卑斯山的頂峰一樣寒氣逼人。」其實，在現實生活中，每個人每天汲汲營營所追求的，不外乎就是擁有如何卓越和優秀的「名氣」，殊不知，這種每個人想要追求的「名氣」，在你往生之後，就會慢慢地在人們的記憶中淡忘，甚至完全刪除掉。

58 人生的價值是用成就的深度去衡量

心靈安全氣囊

你的人生價值取決於你對人生做了什麼貢獻

只要你對這個世上可以做出別人無法做出的貢獻，即使你只活了三十年，你的人生還是會比那些對世上沒有丁點貢獻，卻活了九十年的人還有價值。

超譯沉思錄
058

真正的美，並不需要其他事物的陪襯，因此，沒有什麼東西會因他人的讚美而更加美麗，或因他人的詆毀而更加醜陋，換句話說，一塊綠寶石，不會因為無人稱讚而喪失它的價值，對世俗凡人而言，就算是非常普通的物品，只要是他們需要的東西，也是一種具有價值的美麗事物。

自思一下 「人生的價值」並不是用活了多久的時間來決定

這句語錄的關鍵字是「價值」，而所謂的價值是不需要其他東西陪襯或對比，就能顯現出它在別人心中不可取代的地位。

亞里斯多德曾經寫道：「人生最終的價值，不只在於生存，而在於覺醒和思考的能力。」因為，如果一個人只會睡飽吃，吃飽睡，一點都不懂得思考，那麼他跟一頭豬又有什麼兩樣。

列夫·托爾斯泰也曾經說過：「人生的價值，並不是用時間，而是用成就的深度去衡量的。」的確，在現實生活中，有些人經常都會說要追求自己的「人生價值」，但往往不知道所謂的「人生價值」並不是你在這個世上活了多久的時間，而是你對這個世上有多少貢獻。

59
丟去多餘的東西，人生才會變得簡單

心靈安全氣囊

就算是多餘的東西也不捨得放手

有時候，我們會覺得肩上的包袱重到讓自己無法承受，其實是人性貪婪本性在作祟，以至於就算是多餘的東西也不捨得放手，然而，只要捨得丟棄那些多餘沒有需要的東西，自然就能獲得向前邁進的動力。

超譯沉思錄
059

嚴格講起來，絕大部分的言行都是沒有用的，所以，一個人如果可以摒棄毫無必要的多餘言行，不僅能夠擁有更多的悠閒空間，同時也可以少一些內心的不安。因此，在做任何事情之前都需捫心自問，自己準備要做的這件事情是否必要？換言之，一個人不但要去除沒有必要做的事，還要拋棄沒有必要的思考。

自思一下　不讓自己變成一個多餘的人

這句語錄的關鍵字是「多餘」，而所謂的「多餘」就是沒有迫切需要，而且擁有一些會顯得累贅的東西。

十九世紀美國作家梭羅曾經寫道：「多餘的財富只能換取奢靡的生活，因為，心靈的必需品是無法用金錢在商店買到的。」

俄國小說家、戲劇家契訶夫也曾經說過：「活著而又沒有目標是很可悲的，感到自己在這個世界上是件多餘的裝飾品，是一件難堪的事。」的確，一個人最可悲的就是自己在別人眼中是一個可有可無的多餘之人，如果，不想讓自己變成一個多餘的人，就必須努力創造自己在這個社會以及在別人心中的價值。

60 逃避，只能解決眼前的問題

心靈安全氣囊

在無法忍受的時候，為什麼不能選擇逃避？

邱吉爾曾經說過：「一個人遇到困難時，如果勇敢面對它，困難便會減半，但如果只會試圖逃避所遇到的困難，就會讓困難加倍。」的確，忽視威脅只會讓威脅在我們不注意時反撲，只有正視威脅，不去逃避，才是解決之道。

超譯沉思錄

060

不瞭解宇宙奧秘的人，宇宙同樣也不瞭解他，這樣的人是一個明眼的盲人，他面對社會所抱持的是一種逃避的態度，他閉上了理解事情的心眼，他不是從自己身上得到生活所需的一切，因為，他只知道一不如己願就對眼前的一切亂發牢騷，他一遇到麻煩不想思考，只知道依賴別人。

自思一下　就算再怎麼逃避，也躲不開我們的心

這句語錄的關鍵字是「逃避」，也就是面對應該解決的問題，非但沒有解決，反而將自己置身事外。

梁實秋曾經寫道：「人生的路途就是這個樣子，抱怨沒有用，逃避不可能，現實的人生還是需要用現實的方法處理，偶然做個白日夢，當然亦無不可，但這究竟只是一時有效的鎮定劑，可以暫時止痛，但不能根本治療。」因為，就算再怎麼逃避，也躲不開我們的心。

的確，在人生的過程中，我們會遇到很多需要去面對，才能獲得解決的問題，但在面對這些問題時，往往會選擇逃避，問題是「逃避」只可以「暫時止痛」，不能「根本治療」。

61
省點用，每天只有廿四小時可以揮霍

心靈安全氣囊

構成生命的單位就是時間

時間就跟生命一樣的重要，因為構成生命的單位就是時間，所以，每個人都應該確切的知道，只有好好把握時間的人，才能掌握自己的人生。

超譯沉思錄
061

時間就像一條河流裡面的激流，就像是世間發生的大小事件都在這條時間的激流之中，因為就在某個事物剛剛被發現的時候，已被另一新的事物取代了它原有的位置，而且，再過一下子的時間，這一新的事物照樣也被比它更新的事物所取代。

自思一下　浪費時間，就等於在浪費自己的生命

這句語錄的關鍵字是「時間」，而所謂的「時間」是一種無形的尺度，讓我們能分辨過去、現在和未來。

屠格涅夫曾經說過：「人們都會這樣安慰自己，今天過得不好，沒有關係，反正還有明天，卻不知最後把自己送進墳墓的就是永遠會有的明天。」

魯迅也曾經寫道：「時間就是生命，如果誰無端的空耗別人的時間，其實無異於謀財害命的。」在現實生活中，我們大都認為自己有的是時間，也就是只要自己還有一口氣，每天都會有廿四小時，可以供自己揮霍，因此，大都不會特別去珍惜時間，殊不知，雖然在斷氣之前，有用不完的時間，但是如果每天只會浪費時間，那麼即使每天有四十八小時的時間，也不夠我們揮霍。

62 人類的大腦通常都只使用百分之十

心靈安全氣囊

「心直口快」等於「說話不經過大腦」？

「心直口快」的人常常無法被委於重任，因為「心直口快」另外一種解釋，就是「說話不經過大腦」；然而，一個說話做事都不經過大腦，不先想前因後果，不會去顧慮別人感受的人，當然無法受到重用。

超譯沉思錄
062

不應該像那些從父母那裡學到一切的小孩那樣，做任何事都不經過大腦，說話如同鸚鵡一樣，只會不斷地重覆別人說過的話；更不能在昏昏欲睡的狀態下發表重要談話或做重要的事，雖然很多人即使在睡夢中，好像也是可以說話和行動。

自思一下　不要讓大腦成為身上的裝飾品

這句語錄的關鍵字是「大腦」，而所謂的「大腦」是位於頭殼裏頭，用來思考和做決定的器官，但諷刺的是卻是人類用的最少的器官。

法國導演盧貝松執導的好萊塢科幻驚悚片《露西》（Lucy）電影海報宣傳文案：「人類只運用百分之十的大腦，如果可以使用百分之百，那麼就會發生有趣的事……」的確，我們大腦的腦力通常都只使用百分之十，有些人甚至還使用不到百分之十，其原因應該就出在我們都很懶得動腦，往往都只喜歡看一些不需動大腦的電視或電影，或玩一些不需動大腦的電玩遊戲，因此，才會只使用不到百分之十的大腦。

63 「卑鄙」只是一種生存的手段？

心靈安全氣囊

「卑鄙」只是用一些手段獲得需要的東西

有些卑鄙的人往往不會認為自己的行為卑鄙，而只是用跟別人不一樣的手段來獲得自己想要的東西。

超譯沉思錄
063

如果神明說你將在明天或後天去世，你肯定不會去繼續追問究竟是後天還是明天了。因為這個時候的明天或者後天的差別只是日月的交替之間，如果你問了，只會證明你是世界上最愚蠢的卑鄙傢伙，即使能讓你長命百歲又能怎樣呢，還是別把它當做是什麼大不了的事情吧！

自思一下　行為越是卑鄙的人，越是擅長用漂亮的言辭

這句語錄的關鍵字是「卑鄙」，而所謂的「卑鄙」就是卑劣低下，只為己利和不符合人性道德的自私行為。

莎士比亞曾經寫道：「每一件卑鄙邪惡的勾當，都可以用娓娓動聽的言詞來掩飾它的罪狀。」通常行為越是卑鄙的人，越是擅長用漂亮的言辭，來掩飾自己的卑鄙行為，因為，他們知道自己的卑鄙見不了人，才會想到為自己的卑鄙套上華麗語言的衣裳。

波普曾經說過：「心胸卑鄙的人是被嫉妒掌控的奴隸。」然而，這些心胸卑鄙的人，並不知道他那種見不得別人好，不擇手段破壞別人成就的卑鄙行為，已經讓自己在不知不覺之中，讓嫉妒當了他的主人。

64 只有順從自然，才能駕馭自然

心靈安全氣囊

只有身處在山水自然之間，才有時間去思考

當我們休假時，總是喜歡去靠近大自然的地方遊玩，因為居住在人工製造的非自然環境中，我們往往會給自己過大的壓力，只有身處在山水自然之間，才有時間去思考，才有勇氣放下肩上的重擔。

超譯沉思錄
064

人生就是這麼一回事，今天是你去送別人最後一程，明天可能就是別人去參加你的告別式。人生在世，朝生而暮死，昨日還在流鼻涕的小孩，明天可能就是白髮老頭，如果想在人生旅途達到終點時，死而瞑目，還是遵循自然運行法則來度過短暫的一生吧。

自思一下　就算人類再偉大，依然搞不清楚自然的變化

這句語錄的關鍵字是「自然」，而「自然」是一種不經過人為干預，任意生長和變化的生物與非生物現象。英國哲學家培根曾經說過：「駕馭自然之前，必須先順從自然。」然而，這幾千年來，身為萬物之靈的人類，往往無法體會培根這句話的道理，只會一味地想要征服大自然，但卻經常遭到大自然的反撲。

遠的不說，就來看最近這幾年，只要有颱風帶來豪雨，就會造成某些山區的土石流滅村的悲劇，而這都是人類不懂得「只有順從自然，才能駕馭自然」，以致於不尊重大自然，所嚐到的惡果。

65 好事會發生在認為會發生的人身上

心靈安全氣囊

不要把注意力擺在壞事上面

當我們只注意壞事，壞事自然會無限放大，大到佔滿我們的每一天，而當我們只注意到好事，就會覺得好事接連發生，擋都擋不住。

超譯沉思錄
065

我真的很不幸，為什麼這種事情偏偏降臨到我的身上？但事實並非如此，儘管這些不幸的事情發生在自己身上，但仍然可以不受痛苦的折磨，繼續地瀟灑活下去。因此，這種莫大的不幸，又何嘗不是另外一種幸運呢？但並不是每個人都可以在這種情況下，把不幸看成幸運，讓自己保持不受痛苦折磨的心態⋯

自思一下　當幸運之神來臨時，你是否已經做好準備

這句語錄的關鍵字是「幸運」，而所謂的「幸運」，其實是另一種「不勞而獲」，因此，一個人不能太幸運，否則，「幸運」過頭，就會失去努力的動力。

中國作家于丹曾經寫道：「一個人幸運的前提，其實是他有能力改變自己。」的確，通常我們都會認為一個人想要成功，除了本身的努力之外，有時候還是需要靠一些幸運的運氣⋯⋯

但是，話又說回來，一個人不論有多麼幸運，如果他沒有足夠的能力來應付「幸運之神」為他帶來的機會，那也是無濟於事的，所以，並不是真的有「運氣」這種事，而是當「幸運之神」來臨時，我們是否已經做好準備。

66

墓地是人生的最後一個目的

心靈安全氣囊

明明活著卻與死亡沒有差異

人們常常看著墳墓就想到死亡，所以對墳墓或是葬禮感覺到害怕，但這些人不知道的是，死亡並不可怕，可怕的是明明活著，卻與死亡沒有差異。

超譯沉思錄
066

無論是在你之前或之後的無限時空面前，你活了三天與活了三輩子又有何區別呢？現在正躺在自己的墳墓裡面的費比烏斯、克迪斯亞盧斯、尤利安、雷必達，以及其他名人，雖然曾經埋葬過很多人，但最終自己也被別人埋葬。因此，不要覺得生命有著多大的價值。

自思一下　不要畏懼墳墓，那是每個人最終的家

這句語錄的關鍵字是「墳墓」，而所謂的「墳墓」不一定都是用來埋葬死人和老人的地方，有時也會隱喻用來埋「活死人」的地方。

英國歷史學家托．富勒曾經說過：「墳墓是每個人的最終歸宿。」的確，墳墓是每個人在人生當中最後一個家，因此，沒什麼好畏懼的。

暢銷作家向樺也曾經寫道：「墓地是人生的最後一個目的。」的確，不論在人生的過程中，獲得多大的成就，每一個人的人生最後一個目的都是墓地，因此，又何必每天汲汲營營去追求一些到了人生的盡頭，根本無法帶進墳墓的東西呢？

67 結果和過程，其實一樣重要

心靈安全氣囊

是結果重要？還是過程重要？

事情的結果不重要，享受事情的過程，才是做這件事的最終目的，但事實並不是如此，因為你的公司主管往往只想看到他交代你的事情的結果，根本不想去了解你完成這件事的過程。

超譯沉思錄
067

如果你還賴在床上不願起來的話，請你這樣想一下，自己現在要起身去做的事是為了所存在的這個世界，而且，難道自己來到這個世界的目的就是為了能躺在溫暖的被窩裡嗎？難道活著就是為了睡覺，而不想有所作為嗎？

自思一下　享受每件事情的過程，才是我們的最終目的

這句語錄的關鍵字是「目的」，而所謂的「目的」是一個可以讓人的一切努力都可以獲得回報的地方。

法國作家福樓拜曾經寫道：「成功是結果，而不是目的。」

德國詩人歌德也曾經說過：「旅行，並不是為了抵達目的，而是為了享受旅途過程的種種樂趣。」在人生的過程中，每件事情的結果，並不是我們做這些事情的初衷，而懂得享受每件事情的過程，才是做這些事情的最終目的，以上這個道理雖然很多人知道，但卻鮮少有人可以做的到。

68 很少人可以準時吃飯和睡覺

心靈安全氣囊

睡眠不足的人，比較容易發脾氣

每個人一天平均有三分之一的時間在睡眠，睡眠不足會造成精神不濟、注意力渙散，很多證據顯示睡眠的充足與否與一個人的情緒穩定有很大的關係，殊不見，很多睡眠不足的人，ＥＱ就比較差一點，比較會為了一些小事發脾氣。

超譯沉思錄
068

人的睡眠和飲食是必要的，但有一定的限度，然而，人卻往往超越了這些界限，即越過了最大限度的底線；諷刺的是，人在能力這方面卻恰好相反，因為有些人不僅沒有超越能力的底線，而且，根本沒有去做自己本來能力必須做到的事情。

自思一下　不能睡的太少和吃的太少，也不能睡的太多和吃的太多

這句語錄的關鍵字是「睡眠」，而所謂的「睡眠」是一種最徹底、有效的休息方式和放鬆手段。

法國哲學家伏爾泰曾經寫道：「上帝用希望和睡眠，補償人間諸般煩惱事。」

英國哲學家培根也曾經說過：「長壽的訣竅是在進餐、睡眠和運動等時間裏能寬心無慮。」其實，老天雖然讓人類在與生俱來的「睡眠」和「飲食」當中，獲得了挑戰明天的精力，但問題是凡事都不能「過與不及」，因此，不能睡的太少，吃的太少，但也不能睡的太多和吃的太多喔！而且，該吃飯的時候，就吃飯，該睡覺的時候，就睡覺。

69

重視的程度，決定面對事情的態度

心靈安全氣囊

不要因為過度重視，錯失機會

法國文學家盧梭曾經說過：「對於時機因為過分小心謹慎，無法及時掌握，就會錯失良機。」的確，很多人就是對事情太過於重視，以至於瞻前顧後，因而讓機會跟自己擦身而過。

超譯沉思錄

069

那些熱愛自己本身才藝的人，已經在工作中忙到連吃飯和洗澡的時間都擠不出來，而人重視自己內在修養的程度，卻比不上那些舞蹈者對舞蹈表演、雜耍演員對雜耍工作、愛慕虛榮者對虛榮本身的重視程度，甚至比不上把金錢看著比自己生命還重要的守財奴。

自思一下　你曾經因為謹慎過頭，搞砸了機會

這句語錄的關鍵字是「重視程度」，而所謂的「重視程度」通常等於自己對事情的堅持和執著的程度，但有些人還要加上這件事情對自己有沒有好處，來決定自己對這件事情的重視程度。

《成敗訓》：「失敗緣於忽視細節，成功始於重視小事。」的確，一個人想要成功，完全取決於自己對來到眼前機會的重視程度，如果可以比別人還要重視眼前機會，就能夠獲得別人無法獲得的成功。

但話又說回來，有些時候，機會稍縱即逝，如果因為太過於重視，深怕自己不夠謹慎，遲遲無法做出決定，就會眼睜睜地看著大好機會在指間流過。

70 對的事情就去做，不要想太多

心靈安全氣囊

「思考」和「執行」都同樣重要

遇事必須「勇往直前」，還是「三思而後行」？其實「思考」和「執行」都同樣重要，而且都是成功必備的要件，如何衡量和拿捏這兩者的比例，就是必須學習的智慧。

超譯沉思錄

070

如果一件事確實值得花心思去做，就不要反覆考量這件事是否符合你的身份，想獲得別人無法獲得的成功，當然要做出與常人不同的行為，因此不要反覆考量這件事的成功機率有多少，只要跟著自己的直覺去做即可。

自思一下　人生有限，與其反覆思量不如大步前進

這句語錄的關鍵字是「反覆」，而所謂的「反覆」就是重複進行同樣一件事，但有時候卻不知道自己為何要這樣做。

歌德曾經寫道：「我們經常看到有人不斷地反覆宣傳錯誤，而且，最後都能達到似是而非的宣傳效果，因此，對於真理必須經常反覆地說。」

亞里斯多德也曾經說過：「我們反覆做什麼，就是什麼。」的確，成功者與失敗者最大的差別就在於，成功者會不厭其煩地去重複做一件事，也就是將重複做的那件事做到滾瓜爛熟，而且，成功者並不會像失敗者一樣會不斷地反覆思量自己到底該不該重複地去做同一件事。

第五輯

讓你受傷的不是事件本身
而是對事件的看法

我們之所以害怕受傷，是因為太過於在乎「受傷」這件事，這就好像總是關注著壞事的人會變得悲觀，而總是注意著好事的人變得樂觀一樣，因此，如果一直在意「受傷」會對自己產生什麼負面的影響，自然也就會對「受傷」這件事感覺到越來越害怕。

THE
MEDITATIONS

71 積極面對問題，才是解決問題的方法

心靈安全氣囊

用積極行動來擺脫消極的解釋

這個社會把時間花在解釋的人太多了，但卻越解釋越糟，讓人有一種欲蓋彌彰的感受，其實，一遇到問題就拼命解釋，是一種消極的行為，如果想擺脫解釋，應該積極地把時間花在行動上，才是真正解決問題的好方法。

超譯沉思錄
071

有些人經常以上天讓自己身體有殘缺做為心情煩躁或心存抱怨的藉口，甚至還給自己可憐的身體找麻煩，其實，你不能以上天賜予你的能力不足或無法勝任來做為逃避的理由，否則，為何還要竭力取悅他人、奉承諂媚，積極地去追逐虛名呢？

自思一下　積極的人，可以把一百次機會變成一萬次

這句語錄的關鍵字是「積極」，而所謂的「積極」就是為了爭取對自己有利的東西，在別人面前表現出一副非常認真的態度。

盧梭曾經寫道：「如果懼怕痛苦，就會對種種無法預測的事情，心生恐懼，而這些無法預測的事，包含傷害、病痛和死亡。」其實，在人生過程中，每個人都一定遇過不想面對的痛苦和挫折，但問題是這些想逃避的挫折和痛苦，並不會因為逃避，就會消失不見，如果想讓這些痛苦和挫折消失不見，最好的辦法就是用更積極正面的心態去面對它們。

72 付出不求回報，得到的會比別人回報的還要多

心靈安全氣囊

付出不求回報，只是用來獲得「美名」的工具

接受別人付出，當然要回報，因為，「回報」除了讓對方知道你是一個知恩圖報的人，還是一個彼此情感聯繫的好方法，只要建立起這個聯繫管道，以後再度發生困難也就有了可以求助的對象。

超譯沉思錄
072

當一個人幫助另一個人之後，通常會有三種反應，第一種會把為別人付出這件事記在自己的記事本上；第二種則不去做任何筆記，而是將為別人付出這件事記在心裡；第三種是事後就忘記自己曾經為別人付出，就像一棵葡萄樹一樣，在結出了果實之後，不求任何回報。

自思一下　不是所有的努力都有回報，但每次回報都需要付出

這句語錄的關鍵字是「回報」，而所謂的「回報」就是在付出某些事物或是心力之後所獲得的獎品。

有位哲人曾經說過：「付出多少就獲得多少回報，本來就是天經地義，也一直被我們奉為圭臬，但是，如果有人發自內心不求任何回報，那麼接受他付出的人，就會在未來他需要幫助時回報他。」

的確，如果可以做到付出不求回報，那麼得到的會比原先自己想要的回報還要多，但是大部分的人都做不到這一點，因為，我們從小就被灌輸了「一分耕耘、一分收穫」的價值觀，因此，都認為只要有付出就必然要有所回報。

73 如果方向不對，就算跑的比人快也沒有用

心靈安全氣囊

上場開始奔跑之前，必須做好準備

如果把人生看做是一場極限馬拉松，那麼在上場開始奔跑之前，所需要的就是充足的準備，只有隨時做好準備，才能安全地完成這段挑戰人體極限的馬拉松。

超譯沉思錄
073

一個人必須像葡萄樹在第二年繼續結出葡萄一樣，在做完一件好事之後，接著去做另一件好事，然而，是不是做好事的人都不能讓別人看到呢？這個答案沒有絕對，但有件事情是必須去做的，就是去觀察每個人在奔跑去做好事之前，都在做什麼？

自思一下　奔跑會加速抵達終點，盡管是錯誤的終點

這句語錄的關鍵字是「奔跑」，而所謂的「奔跑」就是大步且躍動的往目標向前邁進，但有些卻是沒有目標，只是一味地盲目向前奔跑。

一九一三年諾貝爾文學獎得主印度詩人作家泰戈爾曾經寫道：「如果想在人生戰場上取得對自己最有利的優勢，就不能不卯足全勁，奮力向前，因為有些事情是稍縱即逝的。」的確，在人生過程中，如果想在這個競爭激烈的社會，出人頭地，就必須在該「奔跑」的時候就「奔跑」，在該衝刺的時候就衝刺，不過有一點必須注意，那就是當你準備奔跑之前，必須留意你的奔跑方向是否正確？如果方向不對的話，就算你可以跑的比人快，依然無法到達你想要到達的目的地。

74

「支配」是一種可怕的力量

心靈安全氣囊

懂得支配時間，才能支配人生

常看見勵志書寫著「能支配人生的，才是完整的人。」其實，人生是由時間構成的，如果一個人連時間都無法有效支配和管理，也就無法支配自己的人生。

超譯沉思錄

074

如果不想再對身上所發生的事心存抱怨，必須具備以下兩種心態：第一，這件事是用量身訂做的方式，降臨到你身上；第二，就算是它是特地降臨於你的身上來考驗你，也是一種幸福和圓滿的開始，而且也就是這些事情繼續存在的原因。

自思一下　沒有人能夠支配我們，除非我們主動交出控制權

這句語錄的關鍵字是「支配」，而所謂的「支配」就是擁有完整而巨大的權力，可以全權決定人或事物該如何處置。

英國詩人華茲曾經寫道：「如果不懂得思考，就會被習慣支配與控制。」

俄國作家克雷洛夫也曾經說過：「如果讓懶惰支配著你的才能，就會一事無成。」的確，「支配」其實是一種可怕的力量，它往往會左右我們的思考和才能，甚至左右我們的感情，而其重點就在於是用正向思維，或是用負面情緒來啟動「支配」這種力量，如果是用負面情緒，那麼結果可能就會像莎士比亞所說的，「一個人的情緒如果被喜惡支配，那麼任誰也做不了自己的主人。」

75 用「決心」來代替「灰心」

心靈安全氣囊

不要給自己太大壓力

遭遇到挫折和阻礙，會充滿無力感和自暴自棄的情緒，在所難免，因此，在發現情緒低落時不要驚慌失措，它是一種正常的情緒反應，一味地強迫自己排除這種情緒，反而會給自己太大的壓力。

超譯沉思錄

075

就算完全按照標準流程和正確方法做事，還是每件事情都失敗，也不要憤世嫉俗和灰心喪志，失敗沒有關係，從頭再來就好，只要所做的事情沒有脫離人的本性，就可以問心無愧了。

自思一下

一時的灰心是可以被容忍的，就算是死灰也早晚會復燃

這句語錄的關鍵字是「灰心」，而所謂的「灰心」就是一種因為遭遇失敗，面對任何事都提不起幹勁的消極心態。

毛姆曾經說過：「失敗者往往是一經打擊就灰心喪志的人。」

俄羅斯作家果戈里也曾經寫道：「有了決心，天底下就沒有困難的事，因此，要抱著樂觀的心態來面對那些會讓你絕望和灰心的事。」的確，每個人在人生旅途中，遇到挫折和困難在所難免，只要懂得用「決心」來代替「灰心」，那麼再如何困難的事情也都會變簡單。

76 越習以為常的道理，越容易被忽略

心靈安全氣囊

「常理」不一定是最好的選擇，但也不會是最壞的選擇

在許多面臨抉擇的時刻，會感覺到無所適從、手足無措，不知道該如何選擇才好，如果面對選擇不知道該如何是好，那就照著常理的選擇走吧。

超譯沉思錄 076

千萬不要以為某些事情太習以為常，就忽略掉，你應該像那些眼睛發炎的人一樣，用一點海綿和蛋清洗一下眼睛，或是抹點藥膏，以及再用清水沾溼來消炎，這些做法雖然不能保證一定可以治好「發炎的眼睛」，卻可以使你不會違背常理和獲得內心的片刻安寧。

自思一下　因循常理雖然迂腐，但卻是最安穩的事情

這句語錄的關鍵字是「常理」，而所謂的「常理」是人們習以為常的道理，但卻也經常會被人們忽略或視而不見的道理。

股神巴菲特曾經說過：「『常識』是人們往往忽略的一些最有用、最簡單，而且簡單到大家都不信是那麼一回事的常理。」的確，我們經常會在某些重要關鍵時刻，忽略大家習以為常的常理，原因是我們往往不相信在這些重要關鍵時刻，竟然可以使用大家都知道的「常識」來解決問題，因此，才經常會在這些原本可以輕鬆過關的「關鍵時刻」前面「卡關」。

77

推翻舊思維，才能建構新觀念

心靈安全氣囊

汰舊才能換新

在這個不管是硬體還是軟體、行為或是觀念都推陳出新的世界中，應該了解一個新事物的出現，必須先推翻自己的舊思維，只有保持隨時做好翻轉腦袋舊思維的準備，才有辦法在現代社會生存。

超譯沉思錄
077

做到不去指責自己完全無法忍受的人是很困難的，但我們不妨想一想他們可能是一些社會的邊緣人和可憐人，他們的人生是多麼的無常和缺乏價值，再想想和你一起生活的人，就算是你最喜歡的人，你也無法忍受他某些跟你不一樣的生活習慣，因此，試著推翻你的成見和觀點，去面對各種事物吧。

自思一下　你敢拆掉原本可以讓你「遮風避雨」的「舊房子」嗎？

這句語錄的關鍵字是「推翻」，而所謂的「推翻」是原本的立場或是根深蒂固的觀念、想法被翻轉和否定。

美國作家馬克·吐溫曾經寫道：「一篇具有煽動力的動聽演說，可以推翻根深蒂固的認知，翻轉聽眾固有的成見，甚至可以將那些不熟悉演說感染力到底有多厲害的聽眾搞得昏頭轉向。」

史達林也曾經說過：「『科學』正是因為它不怕推翻習以為常的熟悉事物，所以叫做科學。」

的確，如果想要改變一個人的想法或是改變舊的事物，就必須徹底地推翻過去根深蒂固的觀點和概念，就像一棟要改建的舊房子，首先必須先拆掉舊房子的架構和梁柱，才能建造想要的新房子。

78 把絆腳石變成人生的墊腳石

心靈安全氣囊

「阻力」和「助力」只是在一念之間

將阻力變成助力說起來感覺很簡單，但需要一點智慧，其實阻力和助力只是一個觀念的轉移，若是真心想做某件事，就會覺得全世界的能量都在幫助自己。

超譯沉思錄 078

心靈可以把行動中的阻力化為前進的動力，讓路途中的絆腳石反而成為幫助我們奮力向前的墊腳石，另外，請尊重宇宙間的運行法則，因為這些運行法則指引世間萬物並使其發揮各自作用，也務必用相同態度去尊重指引人生方向的身上本能。

自思一下　將阻力轉變方向，就能變成往前的助力

這句語錄的關鍵字是「阻力」，而所謂的「阻力」是當你向前移動時出現的一股妨礙你向前的力量，但也是一股反過來就可以助你向前的力量。

泰戈爾曾經寫道：「想檢驗真理是真是假，就看能否禁得起阻力和反對……」

林肯也曾經說過：「不論什麼情況都能克服萬難完成任務的人，才是這個世界上最需要的人才。」

其實，無論是「真理」或是「人才」，都需要透過「阻力」這個「逆境鑑定師」，才能證明他們的真偽，才能證明他們是否貨真價實，換句話說，如果不是真的「人才」或是「真理」在「阻力」的面前，就會馬上會現出原形。

79 人的本事像河流一樣，越深越無聲

心靈安全氣囊

清除人生河流的淤泥

我們必須經常清除人生這條河流底下的淤泥，否則，一旦淤泥越積越多，不僅會阻礙水流，還會惡化人生這條河流的「水質」。

超譯沉思錄 079

世間萬物就像一條川流不息的河流，一直處於不斷的變化之中，世間萬物皆如曇花一現般稍縱即逝，而事物的形式變化萬千，靜止不動的事物幾乎不存在，無論是造物者還是被造之物都無法倖免…

自思一下　人生就像河流，我們不可能在某個地方永遠停留

這句語錄的關鍵字是「河流」，而所謂的「河流」是來自四面八方的水為了流向大海，所集結而成的渠道。

英國政治家哈利法克斯曾說：「真正的美德就像河流一樣，越深越無聲。」然而，不僅美德像河流一樣，一個人的本事也像河流一樣，越深越無聲。

我國作家克雷洛夫也曾經寫道：「理想和現實之間隔著湍急河流，想渡過這個湍急河流，就必須用行動當成渡河的橋梁。」其實，人生就像一條蜿蜒曲折的河流一樣，當我們遭遇困難的時候，河面就會從原本的寬廣變的越來越狹窄，一旦找到解決問題的辦法，原本狹窄的河面就會越來越寬闊，因此，一遇到問題，必須馬上去面對和解決，才不會讓人生河流底下積滿淤泥…

80 一個人寧可裝傻，也不要自作聰明

心靈安全氣囊

「防人之心」是與人相處必備的防備

所謂的「傻」不是指不聰明或是腦筋動得慢，而是缺乏「防人之心」；在這個人性社會叢林，若是缺乏乏「防人之心」，就可能落入「被賣了還幫人數鈔票」的窘境。

超譯沉思錄 080

為了只會在身邊停留一小段時間的讚美而高興，或者是為了根本還沒發生的事情自尋煩惱，難道不是一種傻瓜才會做的蠢事嗎？如果可以想想身邊事物最後都會消失無蹤，就不會再為稍縱即逝的事物高興或煩惱了。

自思一下　傻人有傻福，但這種「傻福」像沙漠中的露水一樣罕見

這句語錄的關鍵字是「傻」，而所謂的「傻」是不太用腦袋思考，雖然單純卻沒有想法，但是有些「傻」卻是裝出來的。

有位哲人曾經說過：「懂得裝傻的人，比自作聰明的人，還要聰明。」不過，一個人想在別人面前裝傻，而不被別人發現，也就是讓別人以為你是真傻，而不是裝傻，並不是一件簡單的事情，因為，就誠如莎士比亞所說的，「想要裝傻，可沒有那麼簡單，首先必須了解裝傻對象的個性和身分，還必須在對的時機裝傻，才能達到裝傻的預期效果。」

81 你願意將自己煩惱的問題，跟別人交換嗎？

心靈安全氣囊

「不勞而獲」是人的本性

如果不用努力就能平均分配到賴以為生的資源，想不勞而獲的人就會變多，所以「競爭」雖然很殘酷，卻還是當今社會想要進步的唯一方法。

超譯沉思錄
081

如果人生是一盤棋局，你只是這個棋局之中的一個棋子而已，對於宇宙的時間整體來說，分配給你的時間微小到有如滄海一粟，對於宇宙的物質整體而言，你所占的空間實在小到微不足道。

自思一下 每個人都會以為自己分配到的問題最困難

這句語錄的關鍵字是「分配」，而所謂的「分配」是將資源區別之後，給予特定的人，或是為了公平起見，將資源平均分給所有需要的人。

古希臘哲學家蘇格拉底曾經說過：「如果重新分配所有人的苦難，大部分人應該都會毫不考慮地取走原本屬於他自己的那一份。」的確，在現實生活中的我們，大都會以為只有自己的生活過的最辛苦，只有自己遇到的問題最難解決，如果有一天，有機會跟別人交換老天分配給自己的問題，相信每個人在看完別人的問題之後，都會迫不及待地想跟別人換回自己原本的問題。

82

「正義」往往會成為獲得「美名」的工具

心靈安全氣囊

正義過了頭，就失去正義的本質

人雖然是理性的動物，但也是感性的動物，如果過於追求無暇的過度正義，就會落入苛刻的地步，進而出現很多扛著「正義」大旗，讓人不堪其擾的「正義魔人」。

超譯沉思錄
082

如果堅持用正確的方式思考和做事，將能平靜而幸福地度過一生，對理性存在的靈魂而言，不應該相互干擾，因此無論快樂或是痛苦，都不要讓能否承受的肉體而擾亂了靈魂，進而讓你在堅持和實踐正義的過程中，做到無欲無求。

自思一下　當「正義」遇到「自私」，我們經常會選擇自私

這句語錄的關鍵字是「正義」，而所謂的「正義」是維護社會真理正常運作的行為，但有時卻會被有心人士用來獲得美名或滿足私欲的一種工具。

培根曾經寫道：「人就是因為有了正義感，才不會成為畜牲。」

塞涅卡也曾經說過：「很多人經常將簡單的正義複雜化。」的確，在現實生活中，「正義感」往往是讓品德可以向上提升的正能量，但是在這個人際關係越來越疏離的社會，「正義感」卻越來越難在人們身上找到，譬如現在如果有人在路上騎機車摔車，會發揮「正義感」主動停下腳步去幫忙摔車的人，已經越來越少，因為，大家都怕被誤會是自己害那位機車騎士摔車的。

83 聽從別人的意見，有時候是解決問題最快的方法

心靈安全氣囊

聽取別人的意見是累積經驗的捷徑

想吸取經驗除了親身經歷之外，聽取別人的意見也是一個很好的選擇，但一些剛出社會的年輕人經常過於自以為是，往往在受了滿身傷之後，才懂得聽取對自己有用的意見。

超譯沉思錄

083

你會對有口臭的人生氣嗎？你會對有狐臭的人暴怒嗎？其實，身上有異味的人通常都有自知之明，如果他發現自己汙染了別人的空氣，也會感到不好意思，所以當你察覺到這些人身上有異味，你可以理性地向他說明問題所在，根本就不需要動怒，如果他聽從你的建議，你等於清除他身上的異味。

自思一下　有時聽從別人的意見，遠比自己想方法更省力

這句語錄的關鍵字是「聽從」，而所謂的「聽從」是聽取別人的意見，並依循所聽取的意見行動，但在行動之前，還是必須加上自己的經驗判斷。

已故美國蘋果公司聯合創辦人、前行政總裁賈伯斯曾經說過：「要有聽從直覺的勇氣，因為它們會在無形中引導你成為自己想成為的樣子。」

的確，通常面對問題的第一個直覺，往往就是對這個問題最正確的判斷，因此，一定要試著養成聽從自己直覺的習慣，因為，你的「直覺」不會騙你，它會帶著你朝著成功的道路上前進。

84
讓你受傷的不是事件本身，而是對事件的看法

心靈安全氣囊

不要太看重「受傷」這件事

我們之所以害怕受傷，是因為太看重「受傷」這件事，就像總是關注著壞事的人會變得悲觀，而總是注意著好事的人會變得樂觀，如果一直在意受傷，自然也會對「受傷」這件事感覺到越來越害怕。

超譯沉思錄
084

趁著現在還有能力活下去的時候好好活著吧，因為，每個人都會在臨終的那一瞬間，想多活幾天…如果人們不允許你繼續活在他們周遭，就離開他們吧，而且必須讓他們明確地知道，你並沒有因為離開他們而有所受傷。

自思一下 **受傷後結成的痂，往往比原本皮膚更強韌**

這句語錄的關鍵字是「受傷」，而所謂的「受傷」是因為外在或內在的刺激，而讓自己的身心感覺到疼痛，而通常心靈受傷的傷口會比身體受傷的傷口，較難痊癒。

馬可．奧里略曾經寫道：「讓你受傷的往往不是事件本身，而是你對事件的看法。」的確，在人生的過程中，讓我們真正受到傷害的，往往不是傷害我們的人，或是傷害我們的事，而是我們對這些傷害自己的人或事的解讀，因為，受到傷害的我們，通常會一味地鑽進傷害自己的人或事的「死胡同」，無法從其中走出來。

85 決定你的，不是你擁有的能力，而是選擇

心靈安全氣囊

你的選擇，決定你過什麼人生

如果我們想要擁有一個沒有遺憾的精彩人生，就必須選擇做一個努力不懈的人，但如果選擇做一個得過且過的人，就只能讓自己擁有一個平庸的人生。

超譯沉思錄
085

如果房子發生火災，馬上逃離現場，怎會覺得是件麻煩事？只要沒有發生像火災這種不得不離開的事，當然可以選擇繼續留下…每個人都是完全自由的個體，除了自己，誰都無法左右你的選擇…

自思一下　許多痛苦都是你自己選擇的

這句語錄的關鍵字是「選擇」，而所謂的「選擇」是面對眾多選項，選出一個對自己最有利的，而不是選出一個對自己最好的，原因是對自己最好的，不一定是對自己最有利的。

黎巴嫩詩人紀伯倫曾經寫道：「許多痛苦都是自己選擇的結果。」

中國節目名主持人楊瀾也曾經說過：「決定你是什麼的，不是你擁有的能力，而是你的選擇。」的確，在人生過程中，我們所有快樂和痛苦，都是自己選擇的結果，也就是到底想過什麼人生，完全看我們做了什麼選擇，但很多人經常會記住自己所選擇的痛苦，卻往往忘記自己所選擇的快樂。

86

重點不是錯過什麼，而是你為何會錯過

心靈安全氣囊

不要把時間花在已經錯過的機會

有些人總是在抱怨或懷念過去錯過的大好機會，但卻忘記再好的機會只要錯過了就是虛幻的，因此，與其將時間花在自己錯過的機會，不如把時間用來創造比錯過的機會還要好的機會。

超譯沉思錄

086

當你的生命走到盡頭之前，往往會回想自己曾經不屑過多少快樂與痛苦？曾經經歷多少用忍受煎熬才痛苦完成的事？以及曾經錯過多少可以帶來名利，讓自己快樂的事？

自思一下　錯過的事物會感覺美好，只因為沒機會認識它真正的樣子

這句語錄的關鍵字是「錯過」，而所謂的「錯過」是與某個人事物在一個時間點可能接觸卻沒有接觸到，因而感到懊悔的一種行為。

羅曼・羅蘭曾經說過：「如果有人錯過機會，多半是因為等待機會者，沒有及時伸手抓住它，或是等待者沒有看見機會到來，甚至是對機會視而不見。」

的確，一個人之所以會失敗，並不是敗在沒有機會，而是敗在經常錯過已經來到眼前的機會，而且有些人甚至還渾然不知跟機會擦身而過，一天到晚只會在哪裡抱怨一直等不到可以讓自己翻身的機會。

87 不論發生什麼事，都不要忘了將笑容掛在臉上

心靈安全氣囊

讓笑容重新成為臉上最常出現的表情

每個人都因為過度壓力而失去了臉上應該有的笑容，為了找回笑容，必須了解不管遇到什麼人際問題或是情緒障礙，「笑」是一種極好開始話題的臉部語言，如此才能讓笑容重新成為自己臉上最常出現的表情。

超譯沉思錄
087

在轉眼的瞬間，你將成為一具躺在棺木的屍體，你將體會到名字只不過是死後墓碑上面的一個符號，生前所追逐的名聲，到頭來都是一場空，就像小孩子在玩耍歡笑之後，馬上又哭鬧不停一樣的日常⋯

自思一下　「大笑」是最好的有氧運動

這句語錄的關鍵字是「歡笑」，而所謂的「歡笑」是因為某個人或因某件開心快樂的事所激發出來的情緒和聲音。

前蘇聯作家高爾基曾經寫道：「愉悅的笑聲是心靈健康的最有力象徵。」

愛因斯坦也曾說過：「真正的笑，就是對生活和工作的樂觀快樂所產生的一種正面情緒。」其實，一個人的笑容，是一種跟別人縮短距離的最好利器，而一個人的歡笑，則是一種讓身心永保安康的心靈良藥，因此，在人生的旅程中，不論發生什麼事，都不要忘了將笑容掛在臉上喔！

第六輯

別人恐嚇你的事
往往是你內心最害怕的事

為什麼會對別人對自己的恐嚇，心生畏懼？因為，別人恐嚇自己的東西，往往就是自己內心最害怕最不想讓別人知道的秘密，因此，才會被別人隨口所說的兩、三句恐嚇話語，就嚇到不知所措。

THE
MEDITATIONS

88 缺少的不是機會，而是機會來臨之前的準備

心靈安全氣囊

機遇只偏愛那些有準備頭腦的人

一個人如果事先缺乏周密的準備，再好的機遇也會毫無用處，就誠如法國科學家巴斯德所說的，「機遇只眷顧那些事先做好準備的人。」換言之，如果我們在平常不懂得做好準備，再好的機會，也只能擦肩而過。

超譯沉思錄

088

不論死亡是否是人生的終點，或是死後靈魂只是進入到另一個空間，你都必須知道，生前獲得的名聲，到最後只不過是一場空，還是乖乖地等待生命的結束吧！但在那一刻來臨之前，你必須做好面對死亡的準備。

自思一下　不要抱怨沒有機會，而是要捫心自問是否已經做好準備？

這句語錄的關鍵字是「準備」，而所謂的「準備」是在每一個成功關鍵時刻之前，必須做好的功課。

法國文學家羅曼．羅蘭曾經寫道：「『準備』不是浪費時間，反而是在機會來臨，節省你臨場因應的時間，而當你沒有能力把握機會時，才是浪費時間。」的確，我們缺少的往往不是機會，而是機會來臨之前的準備，在現實生活中，每個人都會遇到很多成功的機會，如果平時沒有做好迎接這些機會的「準備」，也就只能眼睜睜地跟這些機會擦身而過。

89 我們都會被「表象」牽著鼻子走，還渾然不知

心靈安全氣囊

誰都會犯了以貌取人的錯誤

我們都知道不要以貌取人，或是內心比外表重要，但是卻會在無形之中，加入了「外貌協會」，犯了以貌取人的錯誤。

超譯沉思錄

089

不要被事物的表象牽著鼻子走，應該根據你的實際能力去幫助每個人，如果有人在無關緊要的事情上連續受到傷害，請不要把這種「傷害」當成一種傷害，因為這只是一種無法記取教訓的壞習慣。

自思一下　你敢說自己是一個不注重表象，只注重內在的人嗎？

這句語錄的關鍵字是「表象」，而所謂的「表象」是外表看起來的樣子，而且，跟內在的樣子，往往大相逕庭，另一種意思是大多數人都會認為它就是「真相」的東西。

有位哲人曾經說過：「一些表面的『比較』和內心一些不必要的『計較』是所有煩惱源頭。」的確，在現實生活中，我們很容易因為某些原因，譬如得失心、譬如貪婪心、譬如比較心……因而讓自己被表象所迷惑，換言之，如果不想讓自己被表象所迷惑，就必須徹底地袪除矇蔽自己「心眼」的得失心、貪婪心、比較心……

90 認真過好每一個現在，未來才不會變得更壞

心靈安全氣囊

漫長的人生，也是由每一個「當下」所組成

再漫長的人生也是一分一秒所組成的，不要將生命看做一段七、八十年的馬拉松，而是看做每一個當下的短距離衝刺，如此就不會覺得人生很漫長了。

超譯沉思錄
090

人生短短數十載，每天吃飯睡覺的地方只是方寸之地，死後的英名即使流芳百世，也只會成為歷史課本上的一行鉛字。人的一生要嘛就是既成的過去，要嘛就是未知的未來，每個人都只活於當下，而當下既是過去，也是未來。

自思一下　能把握的只有現在的這個瞬間

這句語錄的關鍵字是「當下」，而所謂的「當下」就是你現在正在看這本書的這一個剎那。

作家泰迪曾經說過：「過去一直去，未來一直來，可以把握的只有現在的這一個瞬間。」

庫里希坡斯也曾經寫道：「唯一『存在』的東西就是『現在』，過去與未來並不是『存在』的東西，而是『存在過』和『可能存在』的東西。」

其實，所謂的「人生勝利組」與「人生魯蛇族」最大的差別就是「人生勝利組」，既不會沈迷過去，也不會幻想未來，而是懂得掌握每一個可以讓自己成功的「當下」。

91 堅守原則，才是維持人際最好的方法

心靈安全氣囊

別做一個沒有原則的人

為了別人違背了自己的原則，不僅不能與別人的關係更進一步，而且還會讓人覺得你是一個沒有原則的人，所以堅守原則，才是維持人際最好的方法。

超譯沉思錄
091

如果要開始做某件事，請用無所畏懼的態度去面對它，即使不得不去做擺在面前的工作，還是同樣拿出一貫平常的態度，並依照平常的做事原則去做，絕不要被分心的因素所影響，如此一來，就沒有任何人能夠阻止你過著幸福快樂的生活。

自思一下　沒有原則的人，容易失去對自己的信心

這句語錄的關鍵字是「原則」，而所謂的「原則」就是為了讓內心堅定而遵守的規則，但卻經常被人用來拒絕別人的工具，殊不見，我們可以經常聽到有人義正辭嚴地說「這是我的基本原則，絕對不能退讓…」之類帶著拒絕語氣的話語。

馬可．奧勒利烏斯曾經寫道：「即使遵照正確原則，也未必能事事順利，但即便這樣，也不要退縮，以及不要氣餒和失望。」每個人都知道「做人做事必須要堅守原則」這個普世的道理，但卻不是每個人都可以做的到，因為，一開始依循自己處世原則的我們，一旦遇到阻礙或挫折時，往往就會跟現實妥協，甚至退縮變成一個好像沒有原則，也沒有關係的人。

92

用簡單的方法去做複雜的事

心靈安全氣囊

別用複雜的方法去做簡單的事

壓力通常都是來自於我們喜歡用複雜的方法去做簡單的事，所以想要卸除壓力，最重要的就是用簡單的方法去做複雜的事。

超譯沉思錄
092

對命運所安排的種種都能抱著知足常樂的心態去坦然接受，並且時刻保持內心平靜，從不說謊，更不會做出背信棄義的惡行，如果別人不覺得他所過的是知足常樂、簡單樸素的生活，他不會因此遷怒別人，也不會偏離自己設定的人生軌道。

自思一下　有時候，追求簡單比追求複雜更困難

這句語錄的關鍵字是「簡單」，而所謂的「簡單」就是沒有任何多餘的累贅，而且比複雜的東西蘊含更多的道理在裡面。

愛默生曾說：「事實上，能夠簡單便是偉大，而任何事物都不及『偉大』那樣簡單。」

武俠小說家古龍也曾經寫道：「許多至高至深的道理，都是含蘊在一些極其簡單的思想中。」的確，就像霹靂布袋戲的一頁書的出場詞：「萬世經綸一頁書」一樣，也就是越深奧的人生道理，其實並不需要長篇大論，而往往都是蘊藏在簡單易懂的語句當中。

93 不完美也是一種完美

心靈安全氣囊

追求完美，適可而止

雖然做事小心謹慎，追求完美總是好的，但也要注意太過於小心可能會拖慢做事情的速度，而在這個變化的社會中，失掉了速度可能比做錯事情還要糟糕。

超譯沉思錄
093

出生時便註定不會有的事情，不論多麼努力都不會發生到自己身上，為了達到人生的終極目標，必須做好隨時可能離開人世的心理準備，而且，應該保持純潔無瑕、心如止水的人生態度，並且心甘情願地接受命運賜予自己一切的挫折和苦難。

自思一下　不完美的缺憾也是人生的一種面貌

這句語錄的關鍵字是「無瑕」，而所謂的「無瑕」就是沒有瑕疵和汙點的超完美狀況，但這種超完美的狀況，往往也是一種無法達成的狀況。

莎士比亞曾經說過：「世間最純粹的珍珠是無瑕的名譽。」

柏拉圖也曾經寫道：「天堂的重要性不在於是否真實存在，而在於我們無瑕的追求。」其實，追求一個完美無暇的人生，是每個人人生的最高目標，如果因為想要追求完美無暇的人生，而讓自己有過於沉重的壓力，那麼寧願擁有一個雖然不完美，但是可以讓自己過的快樂的平凡人生。

94 記住「恨」，就沒有「記憶體」可以記住「恩」

心靈安全氣囊

不要只會記住別人對自己的「壞」

人類是一種「選擇性記憶」的動物，經常會選擇性地去記憶一些別人對自己的「壞」，以及選擇性地去忘記一些別人對自己的「好」。

超譯沉思錄
094

如果在能力範圍之內對事物做出是非善惡的判斷，就不會以仇視的態度去面對別人，但是，如果對超出自己能力範圍的事情做出好或壞的判斷，必然會在壞事降臨到自己頭上，或錯過什麼好事的時候，遷怒或記恨別人，並把別人看成是壞事或惡運的直接或間接原因。

自思一下　原諒曾經傷害自己的人，自然能擺脫「記恨」的壞習慣

這句語錄的關鍵字是「記恨」，而所謂的「記恨」就是將別人對自己造成的損害緊緊記在心裏。

有位哲人曾經說過：「只要是人，都容易記恨，也就是對別人給自己的傷害，都記得很牢固，但對於別人對自己的好，經常會忽略或忘記，而自己對別人的好，卻反而記得特別清楚。」

雖說「記恨」是每個人與生俱來無法割捨的習慣，但只要是習慣，都有改變的機會，根據科學研究，要養成一個習慣需要二十一天的時間，因此，如果想養成「不記恨」的習慣，可以試試在二十一天內，每晚睡覺前，感謝曾經幫助過自己的人，並原諒曾經傷害自己的人，如此就有可能擺脫「記恨」的壞習慣。

95 「功德」不是想獲得美名的「獎狀」

心靈安全氣囊

做好事必須存著好心

「做好事」如果沒有存著好心的話，做再好的事情也會讓人存疑，就像一個作奸犯科的壞人收養一個無依無靠的小女孩，雖然是件善舉，卻很難獲得認同，而且還會令人有更多關於邪惡的遐想。

超譯沉思錄 095

貪圖虛名的人，喜歡把別人的讚美當成自己的功德；喜好享樂的人，則喜歡把自我的良好感覺誤認是自己的能力，每個人都往同一個目標在努力，有些人知道自己在做什麼，並胸有成竹，有些人則對所做的一切一無所知，猶如行屍走肉一般⋯

自思一下　不要動不動就將自己做的「好事」掛在嘴邊

這句語錄的關鍵字是「功德」，而所謂的「功德」就是做了好事之後，所得到的實際或是虛擬的回報，另外一種解釋則是一些妄想往生之後，可以上天堂的人，每天拼命做的功課。

培根也曾說過：「猶如寶石的美德，越是在樸素的環境越顯著高貴，這就像端莊而有美德的人，外表打扮雖不華麗，卻會讓人打從心裡尊敬。」

澤曼德斯曾經寫道：「一個人的謙虛，會讓功德的燭光更加明亮。」的確，一個做好事的人，如果懂得謙虛，那麼他所累積的「功德」，會比他四處去宣揚自己做了那些「好事」，要多上好幾倍。

96 目標一致，才能發揮一加一大於二的效果

心靈安全氣囊

一個人的初心，比任何東西都還要珍貴

當我們見到某些人的原則做了改變，就會責罵他們無法始終如一，因為，一個人的初心，比任何東西都還要珍貴。

超譯沉思錄
096

掌控一切的主宰者不會把你分配到一群既荒唐又卑鄙齷齪可笑的玩樂者之中，而是會依照你的德性將你分配到某個合作無間的群體之中，而這些群體的努力目標是完全一致的。

自思一下　做事有一致性的人，比較不會說變就變

這句語錄的關鍵字是「一致」，而所謂的「一致」就是一路走來，始終如一，沒有相互矛盾的地方。

伊索曾說：「一致是一種強而有力的態度，而紛爭則容易被征服。」

斯賓諾莎也曾經寫道：「團結一致更容易避開看不見的潛在危險，也更容易滿足每個人切身的需求。」的確，只有當所有人的目標一致，才能發揮一加一等於二，甚至大於二的效果，但如果目標不一致，也就是有人想要往東，有人想要往西，那麼在一拉一扯之間，不僅會將力量抵消，而且，還會距離想要到達的目標越來越遠。

97 我們都很怕成為別人眼中所謂的「怪咖」

心靈安全氣囊

越普遍的創意越是一種必須絞盡腦汁的創意

看著坊間的創意或是手作小品，琳瑯滿目，頓時讓人覺得創意發想好像沒有什麼困難，但其實不然，因為越普遍的創意，往往越是一種必須絞盡腦汁的創意。

超譯沉思錄 097

你要把發生在每個人身上的事情，都看成一條普遍的真理，就像對一個人有益的事情，必然對他人也同樣有益，都是為了實現根本利益，單憑這一點就足夠了，但是，「有益」在這裡只具有普遍意義上的意思，並沒有褒或貶的影射。

自思一下　普遍的想法雖然最好執行，但也是最平淡無奇的想法

這句語錄的關鍵字是「普遍」，而所謂的「普遍」就是在任何人事物身上，都會發生或出現，是一種毫不特殊，卻一定存在的現象。

德國哲學家黑格爾曾經寫道：「每個人在行為中表現出來的意志，就像其他外界的事情一樣，受到普遍的自然法則所決定。」的確，在現實生活中，我們都會受到大家認同的普遍原則所影響，也都會認為只要偏離這些普遍原則，就是特立獨行，因此，一直無法擁有跳脫普遍原則之外的新創意和新想法，因為，我們都很怕成為別人眼中所謂的「怪咖」，才會讓自己一直陷於「普遍原則」的窠臼之中。

98

同樣一件事情，重複做一百次、一千次就會成功

心靈安全氣囊

曾經做過的事情，比較安全，比較不會犯錯

我們經常在今天重複做著昨天曾經做過的事情，在明天重複做著今天做過的事，因為，我們都認為日復一日做著曾經做過的事情，比較安全，比較不會犯錯，但是生命也就在這種「千篇一律」的重複循環之中，消耗殆盡。

超譯沉思錄

098

即便是諸如圓形劇場那樣壯觀的場面，如果反覆出現在你的面前，你也會對這種千篇一律的場景感到枯燥無味，人生同樣也是這個道理，因為，無論是你頭頂上的東西，還是你腳底下的事物，都每天同樣千篇一律出現在你的周遭。

自思一下　反覆出現的東西讓人有安全感，卻也令人厭煩

這句語錄的關鍵字是「千篇一律」，也就是用同樣方法，重複做著同樣一件事，有時候，還樂此不疲。

中國著名演員周立波曾經說過：「千篇一律重複著昨天的生活，幹著八十歲老人都能做的事，等著天上掉餡餅的美事，你要青春有什麼用？」

許多成功學書籍上寫著：「同樣一件事情，只要重複做一百次、一千次就會成功。」但為什麼有些人卻會說：「不能千篇一律重複做著同樣一件事情呢？」因為，同樣一件事情，重複做一百次、一千次就會成功的重點，就在於你是否從重複的一百次、一千次當中找到真正成功的方法。

99

多想想別人好的一面，「恐龍妹」也會變成「正妹」

心靈安全氣囊

找尋一個能夠心靈契合的「同伴」

已經步入多元發展的社會，想在生活上相互扶持，不一定是傳統觀念裏，血緣相繫的家人或伴侶，找尋一個能夠心靈契合的「同伴」一起生活也是不錯選擇。

超譯沉思錄
099

每個人都有好的和壞的一面，如果想讓自己快樂一點，就多想想一起生活同伴，好的一面，例如，這個人做事十分積極主動，那個人待人的態度非常客氣，還有這個人心胸寬宏大量，另外其他人也都很謙遜和善。

自思一下　想走得快，就一人獨行，想走得開心，就找個同伴

這句語錄的關鍵字是「同伴」，而所謂的「同伴」就是與自已有相同目標或是同病相憐的人。

有位哲人曾經說過：「我們經常只會看到一起生活的同伴不好的一面，卻經常會忽略他們在不好的一面之外，還有很多好的地方。」的確，在日常生活中，我們往往會用「雞蛋裡面挑骨頭」的角度，去挑別人的缺點，卻鮮少用同樣的角度，去發現別人的優點，所以，才會經常會因為別人的種種不是，影響到自己的心情。

因此，如果想跟身邊的同伴，維持良好的關係，那麼就多看看同伴好的一面吧！

100

生命有裂縫，才有機會從中透光進來

心靈安全氣囊

人生有些遺憾，不一定是壞事

人生難免會留下遺憾，不需要將自己的遺憾無限放大，而且人生有些遺憾不一定是壞事，就像有句話說：「生命有裂縫，才有機會從中透光進來。」只要轉念一想，遺憾又何嘗不是一件很美的事。

超譯沉思錄

100

你並不會因體重只有幾公斤而感到不滿，也不會因為自己只能活多少年，而感到不悅，如果你對上天賜給你的一切心滿意足的話，也就不會再對有限的生命感到深深的遺憾。

自思一下　凡事盡力，就是為了不讓自己留下遺憾

這句語錄的關鍵字是「遺憾」，也就是覺得可以做得更好卻沒有做到，從心中感受到的挫敗心情。

幾米曾經說過：「所有的悲傷，總會留下一絲歡樂的線索，所有的遺憾，總會留下一處完美的角落，我在冰峰的深海，尋找希望的缺口，卻在驚醒時，瞥見絕美的陽光？」

柏拉圖也曾經寫道：「人生最遺憾的，莫過於該放棄的事情，卻固執地堅持，該堅持的事情，卻輕易地放棄。」的確，輕易地放棄了不該放棄的東西，確實是人生最遺憾的事，但是，如果竭盡全力，還是無法避免遺憾的事情發生，那麼就盡量在遺憾的事情當中，去尋找最美麗的角落。

101 用「舌頭」可以解決的事，不一定要用「拳頭」

心靈安全氣囊

經常運動你的舌頭，而不是拳頭

武力雖然能征服國家，卻不能征服人心，不管是國內或國外，要想獲得人民的認同，具有親切、優雅、和善的文化，遠比擁有足以毀滅世界的核武要有用得多。

超譯沉思錄 101

如果有人用武力的方式擋住你的去路，保持內心寧靜是最好的方式，並同時利用這個難關來讓人覺得你與眾不同，另外，必須謹記的是你的努力並不會徒勞無功，你也不會去做不可能的事，如果完成曾經心動的目標，你的目的就已經達到了。

自思一下 **肉體可能會被武力屈服，但心永遠是自由的**

這句語錄的關鍵字是「武力」，而所謂的「武力」就是對肉體或心靈有傷害性的力量，或是用來解決問題的一種蠻橫方式。

波斯詩人薩迪曾經寫道：「真正的果斷，絕不等於用拳頭去箝制別人的舌頭。」

日本松下電器創始人松下幸之助也曾說：「現在是以創意支配所有一切的世界，而不能再以武力來統治。」

的確，在現今這個世界，用「腦袋」或「舌頭」可以解決的事情，不一定可以用「拳頭」來解決，因為，或許用「武力」可以暫時解決問題，卻無法真正解決這個「暫時解決」的問題。

102 幫負面情緒找一個發洩的出口

心靈安全氣囊

關於情緒的管理，重要的不是在「忍」

其實，情緒跟雨水一樣，如果一直「忍」也就是堵塞住不讓它流出，總有一天會造成可怕的「土石流」；關於情緒管理，重要的不是「忍」，而是懂得幫它找一個「發洩」的出口。

超譯沉思錄 102

水對於狂犬病患者來說，是可怕的東西；而蜂蜜對黃疸病患者來說，卻是苦的；對小孩子來說，球才是最好玩的東西，你何故自己在生自己的悶氣呢？你不覺得你的錯誤觀念與黃疸病患者的膽汁和狂犬病患者身上的病毒有著同樣的負面力量嗎？

自思一下 生悶氣的人比暴怒的人的情緒更難宣洩

這句語錄的關鍵字是「悶氣」，也就是一種將怒氣藏在心裏隱忍著不發洩出來的負面情緒。

美國第三任總統湯瑪斯．傑弗遜曾經寫道：「生氣的時候，開口說話前，先在心中默數到十，如果非常憤怒，則在心中默數到一百。」的確，生氣的時候，不宜馬上暴發出來，因為，當一個人動怒生氣的時候，容易讓憤怒的情緒，影響是非判斷的能力，因此，必須讓情緒先平復一下，再開口表達自己的不滿情緒。

但也不能完全將生氣的情緒藏在心底，讓自己窩在角落生悶氣，因為，如果心中真的有不滿情緒，還是要適度地發洩出來，身心才會比較健康。

103

心情不好的時候，別做任何關鍵決定

心靈安全氣囊

與其「自尋煩惱」還不如「自尋快樂」

「自尋煩惱」的重點不只是「煩惱」，也在「自己」，因為所有的煩惱大多是從自己的想法中冒出來的；所以，想要根本性的解決煩惱就必須將「自己」放下。

超譯沉思錄

103

不要讓自己受困於尚未發生之事，如果那是註定要發生的事，就用活在當下的理性態度去坦然面對。對任何事情，都要有自己的看法，而且這種看法是與生俱來，如果可以做到這點，就不需要庸人自擾了。

自思一下　有百分之九十的煩惱都是自找的

這句語錄的關鍵字是「自擾」，而所謂的「自擾」就是自己尋找困擾來影響自己，而且還渾然不知。

吉爾利波韋茨在《空虛時代》書中寫道：「現代人最大的困擾，不是選擇什麼，而是因為擔心選擇會讓自己失去了什麼？」

已故功夫影帝李小龍也曾經說過：「我們一定要克制自己的情緒，不要被情緒所困擾，因為不良的情緒只會阻礙到我們學習或發展事業。」其實，如何克制自己的情緒，不讓自己在做任何關鍵決定的時候，受到自我產生的負面情緒所困擾，是一個人想要成功，首先必須做的「心靈功課」。

104 別人恐嚇你的事，往往是你內心最害怕的事

心靈安全氣囊

恐嚇是一種不需使用武力，逼迫別人就範的最有用方式

我們為什麼會對別人對自己的恐嚇，心生畏懼？因為，別人恐嚇自己的東西，往往就是自己內心最害怕最不想讓別人知道的秘密，因此，才會被別人的兩、三句恐嚇的話語，就嚇到不知所措。

超譯沉思錄
104

脆弱的靈魂本來極易遭受恐嚇和痛苦之罪，如果在身體能夠承受的範圍之內，讓靈魂遠離負面情緒，就不會再度陷入痛苦的深淵，除非是刻意設定的某種需要，否則，靈魂不會受到阻礙，也不會給自己帶來痛苦，更不會自己嚇唬自己，唯一能夠困擾和阻撓它的，只有它自己。

自思一下　你可以毫無畏懼地面對別人的精神恐嚇嗎？

這句語錄的關鍵字是「恐嚇」，而所謂的「恐嚇」就是一種用言語讓別人心生畏懼，以達到自己目的的「精神暴力」。

美國人際關係大師戴爾．卡耐基曾說：「畏怯的人和懦弱的人，雖然沒有身臨其境的危險，但只要一聽到恐嚇言語，早已嚇得不知所措，因此，一個人的膽子大，才能有所作為。」

其實，恐嚇是一種不需使用武力，只用言語來逼迫別人就範的最有用方式，但是，話又說回來，「恐嚇」並非對所有人都有效果，而是對那些天性畏怯懦弱的人，才比較有用。

第七輯

不要變成自己想要報復的那個人

培根在《論復仇》書中寫道：「一個人要是念念不忘復仇，他就是經常把快要結疤的傷口揭開…」的確，我們經常因為想著要對別人報復，因而讓對方當初如何傷害自己的場景不斷地在腦海中上演，而且，即便報復成功，那麼我們跟當初傷害自己的那個人又有什麼兩樣？

THE MEDITATIONS

105 所有一切都在變化，唯有變化不變

心靈安全氣囊

沒有什麼東西是穩定的，或永恆不變的

在這個世界上，不僅沒有什麼東西是不會改變的，而且有些跟生活息息相關東西，是一定必須做改變，譬如不把木材做成椅子，就沒有木椅可坐，不將生米煮成熟飯，就沒有米飯可吃。

超譯沉思錄 105

這個世界，如果沒有變化，如何建構起來呢？任何東西如果不經過一定的變化過程，恐怕都無法被我們使用，譬如不把木頭做成澡盆，你能用木頭洗澡嗎？食物不經過一番料理，你能吃到它的美味嗎？

自思一下　如果想進步，就必須不斷地更新自己的想法

這句語錄的關鍵字是「變化」，而所謂的「變化」就是一種改變物體外在形狀，甚至是物體內在本質的一種「化學動作」。

柏拉圖曾經寫道：「世界總是充滿著各式各樣的變動和變化，沒有什麼東西是永恆不變的。」史達林也曾經說過：「世界上沒有什麼永恆的東西，所有一切都在變化，唯有變化不變。」其實，在這個世界所有的事物，無時無刻不在變化，就連人類身上的細胞也是不斷地在更新，也就是這一秒我們的身體可能會有幾百萬個細胞死掉，但在下一秒隨即會有幾千萬個新生的細胞出現。

106

「犯錯」是所有進步必須付出的代價

心靈安全氣囊

人不怕犯錯誤，錯了還有機會重來

為什麼年輕人比老年人不怕犯錯？因為就像中國籃球球星姚明所說的：「人年輕的時候可以張狂一點，因為年輕人不怕犯錯誤，錯了還有機會重來。老了就不行，錯了就是錯了，再也沒有機會。」

超譯沉思錄

106

對待犯錯之人抱持寬恕原諒是每個人必須要有的心態，如果想到做錯事的人都是在不自覺的情況下犯錯，你就會這樣做，最重要的是，他並沒有壞到讓你喪失原來的理智，給你帶來任何傷害。

自思一下

犯錯沒有關係，重點是能不能在犯錯當中獲取成功經驗

這句語錄的關鍵字是「犯錯」，而所謂的「犯錯」就是一個想讓自己有所突破的人，必須繳交的「學費」。

有位哲人曾經寫道：「『犯錯』沒什麼大不了，只要能及時糾正就好，所有現在了不起的發明都是從不斷地犯錯和改正之中完成的。」

愛因斯坦也曾經說道：「不曾犯錯的人，意味著他從未嘗試過什麼新的事物。」

其實，「犯錯」從某種角度來看，意味著一個人想要進步，必須付出的代價，因為，一個處處怕犯錯的人，就不敢去隨便嘗試自己沒有把握的新事物，自然而然也就無法在既有的「成就」上，更上一層樓。

107 「節制」是一種違反人性需求的事

心靈安全氣囊

不要想節制壞人去做壞事

想要讓壞人節制自己不去做壞事，就像不允許玫瑰花開花、不准小狗吠叫一樣，根本做不到，而盡量引導他們去做好事，倒是節制他們做壞事的好方法。

超譯沉思錄 107

想讓壞人不做壞事，就像不准嬰兒哭泣、不讓馬兒嘶吼，不讓太陽升起一樣困難，一個人所做的事看似惡行，但怎麼能確定他做的就是壞事呢？就算他真的做了錯事，怎麼知道他沒有為此感到自責，甚至開始節制自己的行為呢？

自思一下　節制「壞習慣」很困難，重點是開始去做了嗎？

這句語錄的關鍵字是「節制」，而所謂的「節制」就是盡量忍住不去做非常想做的事，但卻經常半途而廢。

古羅馬政治家西塞羅曾說：「一個有所節制的人，不會認為享受是最大的幸福，一個勇敢的人不會認為痛苦是最大的不幸。」

印度詩人泰戈爾也曾經寫道：「對壞習慣不懂節制，在年輕氣盛的時候，不會立即顯出它的影響，但是它逐漸消耗精力，到衰老時期就必須開始償還我們在年輕時所預支的債務。」的確，一個人最缺乏的就是自制能力，尤其是面對可以讓自己幸福快樂的事，但是就誠如上述泰戈爾所說的，如果在年輕氣盛的時候，不懂得有所節制，等到老年的時候，可是要連本帶利地將年輕時不懂節制，先預支的健康全部還回去。

108

「認知」是一種先入為主的成見

心靈安全氣囊

「認知」本來就是一種很主觀的東西

很多人做錯事，但是在自己的認知中，卻不以為自己做錯了事？因為「認知」這種東西本來就是很主觀的，也就是如果他不認為自己做錯了事，就算所有人都認為他做錯事，他還是不會認為自己做錯了事。

超譯沉思錄 108

如果連對做錯事的認知都不存在，還會有可以繼續存在下去的理性嗎？愁容滿面並非自然本色的樣子，如果經常如此，將導致一切美麗的消失，最後只能蕩然無存，不如嘗試從其中得出它與理性相反的道理吧。

自思一下　不要讓自己的成見，變成自己的錯誤認知

這句語錄的關鍵字是「認知」，而所謂的「認知」就是一種對事情先入為主的成見，也是一種很主觀的東西，譬如有些人經常會說「我認為」，而這就是這些人無形的「認知」。

亞倫・艾達曾經說過：「你的認知是你認識世界的窗戶，必須經常擦拭，才能看清眼前世界，因此，必須時常挑戰自己的認知。」的確，我們每個人的「認知」，都是自己對某些事或某個人先入為主的看法，而這些「看法」，通常都是非常根深蒂固的，並不會輕易地就會被外人改變，當然還是有人可以改變它，那個人就是我們自己。

109 「寬恕」的對象不僅是別人，也包括自己

心靈安全氣囊

仇恨是沒有盡頭的

有句話說：「君子報仇，三年不晚」，導致有些人表面上對人以禮相待，背地裡卻陷害別人，然而，這些人卻不知道只有寬恕才能鬆開被恨意禁錮的心靈。

超譯沉思錄
109

如果某個人冒犯了你，首先要想到的問題是，究竟是什麼樣的動機導致他犯下了這個錯誤。如果你瞭解他的動機，你可能會對他心生憐憫，那時你原本想要報復的心便會開始釋懷，而且，你不想讓自己和他所做之事沒有差別，變成跟他一樣的人，所以，你選擇寬恕他。

自思一下　仇恨只會帶來報復，寬恕才會有愛

這句語錄的關鍵字是「寬恕」，而所謂的「寬恕」往往是面對別人的過錯，嘴巴說沒關係，但內心其實很不爽的「口是心非」行為。

某位哲人曾經說過：「不懂得寬恕別人，等於斷了自己的後路。」

其實，我們經常很容易寬恕自己，但卻常常無法寬恕別人，原因是要叫自己去寬恕一個處處跟自己做對，甚至是暗地陷害自己的人，自己就是無法嚥下這口鳥氣。

但是我們有沒有想過，如果現在懂得寬恕別人，等到那一天，不小心得罪了你以前寬恕的那個人，那個人也會寬恕我們，換言之，你現在寬恕別人，也就是等於是在寬恕未來的自己。

110

「想像力」是每個人都有的超能力

心靈安全氣囊

沒有做不到，只有想不到

現在坊間出現許多繪畫、陶藝、作文等等的才藝補習班，這些創作類型的才藝班都在鼓勵小朋友發揮想像、活出自己，所以鍛鍊自己的創意和想像力，自然是下一代必須從小具備的能力。

超譯沉思錄

110

想一想你最後離開人世的時刻，你就會珍惜眼前的所有，關注當下的每一刻，以及花心思去瞭解發生在你和別人身上的每件大小事情，並且停止不切實際的幻想，才不會被它牽著鼻子走。

自思一下　想像力是成功的原動力

這句語錄的關鍵字是「想」，而所謂的「想」就是在腦袋裡面所有思考和想像的無形活動。

歌德曾經說過：「如果要讓曾經被人思考過千百次的智慧，真正成為我們腦袋的一部分，一定要經過再三思考，直至它們在我們生活經驗中生根為止。」

有句話說：「書要經過人的反覆思考，才能變成知識，就像草要經過牛的反覆消化，才能變成牛奶。」

其實，我們將所吸收到的知識，在腦海中經過再三思考、反覆咀嚼的程序，才能成為獨一無二，別人無法偷走的智慧，換言之，「思考」是讓我們所吸收到的「死知識」，是否可以變成活用智慧的重要關鍵。

111

發現別人沒有看到的問題，看到別人沒有發現的世界

心靈安全氣囊

觀察的深度要比洞察淺薄的多

觀察是需要較長的時間才能做到與洞察一樣的效果，但觀察出來的深度卻比洞察淺薄的多，所以只要有耐心和細心，誰都能成為觀察家，但想洞察先機，卻需要極大的天賦才行。

超譯沉思錄

111

在生活之中，舊事物很快就被新事物替代，就像沙堆的積聚埋沒了以前的舊沙，因此，要用這種洞察力去觀察那些追逐名利之輩的內心深處，看清他們的為人，還有他們到底在逃避什麼，追求什麼？

自思一下　不要看輕洞察的能力，魔鬼往往藏在細節裡

這句語錄的關鍵字是「洞察」，而所謂的「洞察」就是用極短的時間就可以看穿事物真實的面貌。叔本華曾經寫道：「天才能夠利用洞察力，從眼前的世界發現到另一面世界。」前蘇聯教育家蘇霍姆林斯基也曾說：「沒有熱情關懷和洞察力，不能稱做真正的教育。」

的確，如果具備深邃的洞察力，確實可以從眼前的這個世界，發現另一面世界，換言之，面對任何問題，只要能夠用觀察入微的洞察力去深入觀察，那麼就可以發現別人沒有看到的問題，看到別人沒有發現的世界。

112

所有偉大的事，一開始都是大家不想做的事

心靈安全氣囊

就算是毫不起眼的人，也能做出驚天動地的偉大事情

「三個臭皮匠勝過一個諸葛亮」這句大家耳熟能詳的話告訴我們，在才智能力上面，雖然人人有高低之分，但就算是毫不起眼的人，只要團結在一起，也能夠做出驚天動地的偉大事情。

超譯沉思錄
112

柏拉圖說：「境界高深的人會認為人生只是一種時間的流逝。」你認為柏拉圖會把生命視為一種異常偉大的東西嗎？當然不可能，因為境界如此高深莫測的人，只會把生死看成是人生的一件重要的小事。

自思一下　最微小的人，也可能做出最偉大的事

這句語錄的關鍵字是「偉大」，而所謂的「偉大」就是感覺雄壯而巨大，但卻不排斥做一些不起眼的小事。史邁爾斯曾經寫道：「最偉大的人不會輕視日常小事，而是會關注這些小事，並加以改進。」克林凱爾也曾經說過：「真正的偉人，既不做作，也不虛飾，他們的行為往往比平凡人還要平凡。」的確，越是偉大的人，越是會去做平常人不想做或不屑去做的小事，因為這些偉大的人認為大家不想做的「小事」，往往才是成大事、立大業的成功關鍵，換言之，所有的大事，都是由這些小事所組合而成的。

113 善待別人，其實就是善待自己

心靈安全氣囊

善待他人是件簡單的事

不要把善待他人看做是一件很困難的事情，其實對路人露出一個笑容，就是在善待他人，一個笑容不用花錢也不需要太多的時間，卻能在瞬間改變一個地方的氣氛。

超譯沉思錄 113

如果我們的工作完全符合理性，就可以無所畏懼，不要讓未經過濾的事物進入你的思想，也不要挖空心思去探聽別人的八卦，而是要多關心一下自己的本性所在，並且，不論何時何地，虔誠接受當下的安排，真心善待身邊的每一個人。

自思一下　善待別人，就有機會被別人善待

這句語錄的關鍵字是「善待」，而所謂的「善待」就是友善的對待，而且它具有相互回應的特性，也就是你善待別人，別人也會善待你。

流行歌壇亞洲天后張惠妹曾經說過：「要善待陌生人，因為下一個陌生人就是你。」

中國湖南衛視當家主持人汪涵也曾經說過：「一個人時，善待自己；兩個人時，善待對方。」

的確，善待別人，就是善待自己，你今天懂得善待別人，明天別人就會善待你，因此，當我們有能力善待別人時，必須好好地善待，因為在另外一種角度，也可說是在奠定將來我們需要別人善待自己的基礎。

114

指責別人之前，先檢討自己

心靈安全氣囊

用鼓勵代替指責

不論在職場或是在生活中，指責的比例遠遠大於鼓勵，怒罵的次數遠遠高過關心，其實，受到責罵的人很容易產生低自尊和情感受挫等等的負面情緒，因此當我們要指責別人之前，必須三思……

超譯沉思錄

114

你要多加觀察那些你希望從他們身上得到讚許的人，了解他們究竟有著什麼樣的修養和原則，只要你看清他們的觀念與德性的本貌，你會覺得他們的讚美沒有什麼了不起，也才不會一直想得到他們的讚美。

自思一下　要指責別人前，先問問自己是否做好

這句語錄的關鍵字是「指責」，而所謂的「指責」就是指出某人的過失並且責罵，但有時候卻經常為了自己的利益，閉著眼睛責罵別人。

詩人里爾克曾說：「如果生活過著枯燥乏味，問題出在你身上，而不要只會去抱怨生活。」

德國哲學家叔本華也曾經寫道：「沒有任何東西值得驕傲的人，通常會去指責和詆毀有本事驕傲的人。」

的確，動不動就指責別人的人，往往忘了在指責別人之前，先檢討自己本身到底有沒有指責別人的那些問題或缺點，因此，才會自己滿臉都是「鬍子」，還一味地猛刮別人的「鬍子」。

115 「偽善」經常穿著「為善不欲人知」的外套

心靈安全氣囊

越是偽善的讚美，越讓人無法抗拒

匈牙利詩人裴多菲曾說：「我寧願說真話得罪一百個人，也勝過說假話獲得十個人的讚美。」在現實生活中，我們明知別人對自己的「讚美」，主要是在有求於我們的情況下，所說出的偽善之言，但是，我們還是樂在其中。

超譯沉思錄 115

既不要過於激動，也不要麻木不仁去做出偽善的行為，雖說一個人不知道逃離自己所犯之罪惡是一件荒謬的事情，不過這是有可能的，但是，一個人想要逃離別人所犯的惡行，卻是一件不可能的事。

自思一下 **偽善雖然是假的，卻依然是眾多善行的其中一種**

這句語錄的關鍵字是「偽善」，而所謂的「偽善」就是用不好的心思，做出讓別人以為的「好事」，或是想要領到「好人」的徽章，刻意去做出幫助別人的「好事」卻故意不讓人知道。

法國作家拉布呂耶爾曾經寫道：「我們經常想方設法從偽善、不公和充滿妒忌、任性、偏見的人當中追求自己的幸福，這是多麼荒謬和離譜的事！」的確，很多人做出善行卻刻意讓別人知道，這是一種偽善，但是很多人做善事，故意不讓別人知道，也是一種偽善，而且這種「偽善」比那些做善事刻意讓別人知道的，還要虛假。

因為這種「偽善」最高明的地方就是它經常會穿著「為善不欲人知」的外套出現在我們的眼前。

116 不去追求額外快樂，就不會有額外負擔

心靈安全氣囊

「額外」的錢財，不會讓生活變得更好

花錢也是一門學問，主要看的是每個人的MQ（money quotient），如果突然湧進超出自己MQ的「額外」錢財，往往會因為不知所措，而開始揮霍，甚至沾染上一些不好習性，讓自己的生活變得比原本更糟糕。

超譯沉思錄 116

一切眼前的事物都會在下一刻發生變化，要不轉變為蒸汽，要不就全部煙消雲散，因此，做了一件讓另一個人從中受益的好事，為什麼還要像傻瓜一樣去尋求行善的額外名聲呢？只要跟著你的心去做應該做的事，不要去想什麼額外的回報。

自思一下　額外的幸福之後，往往跟著額外的負擔

這句語錄的關鍵字是「額外」，而所謂的「額外」就是在固定配額中又擁有突然多出來的量，但也可以解釋成意外獲得原本不屬於自己的東西。

有位哲人曾經說過：「當你不需要去追求額外的快樂時，就是人生最快樂的時候。」的確，在人生的過程中，如果懂得不去追求那些額外的快樂，自然也就不會讓因為額外的負擔來拖住自己的腳步，譬如不去追求開名車的額外快樂，不去追求買名牌包包、穿名牌衣服的額外快樂……也就不會有每個月要多出支付這些名牌東西的貸款或信用卡費的額外負擔，如此一來，才能獲得一個沒有「額外負擔」的真正快樂。

117 不要變成自己想要報復的那個人

心靈安全氣囊

寬容是不讓仇恨越滾越大的一種方式

雨果曾說：「寬容是最有效的復仇方式，因為，寬容就像天降甘霖，澆溉了枯竭的心，也像溫暖的太陽，暖和了寒冷的心。」雖然，雨果的這種復仇方式有點唱高調，卻是讓你跟別人仇恨，不會越滾越大的一種方式。

超譯沉思錄
117

理性本身並不是造成任何惡行的原因，它本來就沒有任何的惡念與怨恨，它既不會對任何事物為非作歹，也沒有任何事物會因為它而受到傷害，因此，為自己復仇的最好方法，就是不要跟傷害你的那個人做出同樣的事。

自思一下 別讓自己變成跟仇人一樣的可惡和醜陋

這句語錄的關鍵字是「復仇」，而所謂的「復仇」就是就是一種對仇人進行以牙還牙的報復行動，但這種行動有兩種後遺症，第一、讓自己變成跟仇人一樣的可惡和醜陋；第二、讓自己成為仇人報復的對象。

培根在《論復仇》寫道：「一個人要是一直想著復仇，就會經常揭開快要結疤的傷口，若不是老在想著報復這件事，傷口當然可能會痊癒。」的確，我們經常因為想著要對別人報復，才會讓自己內心原本要結疤的傷口，始終無法痊癒。然而，我們是否曾經想過，即便報復成功，那麼跟當初傷害自己的那個人又有什麼兩樣？因此，馬可・奧里略才會寫道：「復仇的最佳辦法，就是不要跟傷害你的那個人做出同樣的事。」

118 改變週遭氣氛，就可以改變心情

心靈安全氣囊

近朱者赤，近墨者黑

曾經有科學研究告指出，小孩以後的收入跟父母的社經地位有直接或間接的關係，而父母的社經地位就是指生長的環境，小孩在怎麼樣的環境下長大，出社會後就會得到怎麼樣的收入，而這就是「近朱者赤，近墨者黑」的道理。

超譯沉思錄 118

當肉食擺在我們面前，應該閃出這樣的念頭：這只是一條魚或是一頭豬的屍體，這杯白葡萄酒是少許葡萄汁所釀製而成，這件紫袍也不過是由羊毛編織而成，再用貝類動物的血浸染過而已，這些都是直指並深入事物內在的第一印象，雖然沒有華麗言辭的修飾，卻能認清事物的本質。

自思一下　外在的感染力，可以改變週遭人的心情

這句語錄的關鍵字是「浸染」，而所謂的「浸染」就是把某項物體放在另一樣物體之中，使它沾染上另一樣物體的特色或特質。

羅曼．羅蘭曾經寫道：「個性開朗的人，不僅可以經常保持心情愉快，還可以感染跟他相處的人。」的確，所有可以改變週遭人的心情、改變週遭氣氛的感染力，都是發自內在的，或許，有人會說來自於外在的感染力，也可以改變週遭人的心情，譬如做很滑稽或性感的打扮，但問題是這種外在所產生的感染力，往往是非常短暫，或是表面的，並無法像由內在所產生的感染力那麼長久、那麼深層。

119 有些人的眼睛沒瞎，卻看不清眼前的事實

心靈安全氣囊

別讓心靈被私欲所蒙蔽

我們的心靈往往會被一己的私欲所蒙蔽，因此，有些利欲薰心的人雖然耳清目明，但卻跟眼睛耳聾的人沒什麼兩樣。

超譯沉思錄 119

應該摘掉被人歌功頌德的光環，露出本來面貌，看清那些表面上最值得嘉許與讚賞，卻毫無價值之物的本質，因為，外表只是假象的折射面，當你十分確信正在做的事情是可以不辭辛勞去做的事，可能已經被它所蒙蔽了。

自思一下　有些資訊或許能夠蒙蔽眼睛，但無法蒙蔽我們的心靈

這句語錄的關鍵字是「蒙蔽」，而所謂的「蒙蔽」就是心靈被利欲所遮掩，使人即便沒有眼睛，也看不清眼前真實的樣貌。

古希臘哲學家蘇格拉底曾經寫道：「能夠借助別人的智慧，來使自己不受蒙蔽的人，才是真正高明的人。」前蘇聯作家特羅耶波爾斯基也曾說：「仇恨心理往往會蒙蔽理智，而理智是人與動物的最大區別。」

的確，一個人的理智，往往會被利益、欲望、仇恨所蒙蔽，殊不知，有些平常很理智的人，一旦遇到無法跨過的「情關」或「財關」，往往就會做出隔天會被刊登上「社會新聞」頭條的讓人遺憾事件，而這都是因為平常判斷是非對錯的理智，被自己的仇恨蒙蔽所致。

120 快樂的事，通常短暫到一覺醒來就消失無蹤

心靈安全氣囊

生前所擁有的東西，往生之後都會歸零

為什麼許多富人，儘管已經擁有了好幾輩子都花不完的錢財，卻還是不擇手段的賺錢，甚至不惜傷害他人健康來牟取暴利，這其實都是因為內心的物慾太重，卻忘了所有的物質全都會在他死後的世界消失無蹤。

超譯沉思錄 120

沒有人會對一隻掠空而過的麻雀，心生愛戀，因為當你動了凡心，麻雀已經沒有蹤跡。每個人的生活也是一樣，只不過換成了血液的流動和呼吸空氣而已，我們在每一刻的作為就像呼吸空氣，吸進的空氣最後終究要呼出來，你在世時所獲得的東西，也終將在死亡後，消失無蹤。

自思一下　現在重視的事物，百年之後，仍舊會消失無蹤

這句語錄的關鍵字是「無蹤」，而所謂的「無蹤」就是在視線中失去了蹤影，也在人的心中失去蹤跡。莎士比亞曾經寫道：「當你一覺醒來，青春這個短暫美夢早已在你的生活消失得無影無蹤。」我們或許都會有一種感嘆，通常讓自己快樂的事情，往往都短暫到一覺醒來就消失無蹤，然而，之所以會有這種感覺，主要是還無法體會在人生過程中各種快樂的「獲得」，其實，就像吸進的空氣一樣，終究還是要被呼出來。

121 想法「古怪」的人比較容易成功

心靈安全氣囊

古怪的人格特質通常是成功的關鍵

在這個講求合群的社會中，想要成為一個古怪的人是很不容易的，所以這類古怪的人，常常具有勇氣、創新、專注、堅持等等的特質，而這些人格特質通常是他們成功的關鍵。

超譯沉思錄
121

人們的行為是多麼的古怪啊！不願去讚美那些與自己同時代，並且一起生活的人就算了，竟然還希望可以得到後代子孫的讚美，而且還非常重視這種讚美，問題是後代子孫是他們從未見過，也並非願意去見的人。

自思一下　你為何不敢成為一個古怪的人？

這句語錄的關鍵字應該是「讚美」，但是，我卻想跟大家聊一下「古怪」這句話的意涵，所謂的「古怪」其實就是違背一般人的常識和認知，使人覺得陌生和奇異。

某位哲人曾說：「古怪的人比較容易成功，因為他們想的跟我們不一樣。」

武俠小說家古龍也曾經寫道：「通常擁有絕技的人，都有奇怪的脾氣。」

的確，舉凡所有成功人物，大都會在某個方面擁有別人眼中的「古怪」特質，再說通俗一點，就是這些成功人物，一定會有在某些方面跟一般人想的不一樣，因此，才能獲得一般人無法獲得的成功。

第八輯

擔心自己一閒下來
就會被別人超越

通常一有閒暇時間，就又會去做其他的事情，譬如去看看一些跟工作上相關的工具書，去聽幾場跟工作相關的講座…因為我們擔心，自己在休息，別人在充實自己，自己一停下腳步，就會被後面的人迎頭趕上…

THE
MEDITATIONS

122 很多時候的「我認為」，不過是一種「自以為」

心靈安全氣囊

不要讓別人為自己做決定

在日常生活中，我們總是容易被外在的意見左右，別人認為是好的，我們也覺得好，別人認為卑劣的，我們也覺得卑劣，只會一味地跟隨別人的價值觀，到最後所獲得的，卻都不是適合自己的東西。

超譯沉思錄
122

不要有這樣的觀念，即是你覺得自己無法做到的事，其他人也無法完成，但如果對某個人而言，這件事是可能完成的，你也要認為自己可以完成這件事。

自思一下　我們「認為」自己會成功，就會成功

這句語錄的關鍵字是「認為」，而所謂的「認為」就是經由環境、學識、生活方式和種種影響下所建立的個人價值觀，但更多時候是站在自己立場的客觀成見。

休傑克曼曾經寫道：「只要是出於自己信念去做的事，即使失敗了，我也能接受，因為我並不認為所做的每件事都必須成功。」其實，「認為」這兩個字後面到底是接著「成功」或是「失敗」，完全在於我們的心態，也就是如果抱著樂觀的心態，就會「認為」自己會成功，但如果抱著悲觀的心態，也就會「認為」自己會失敗。

123 用「心頭」代替「拳頭」，才能讓人「心服口服」

心靈安全氣囊

從「心」才能留住人才

一家企業想要留住人才，光靠好的硬體設備是絕對不夠的，有句俗話說「帶人要帶心」，如果不懂得用心對人，讓下屬心悅誠服，只懂得一板一眼對待自己的部屬，當然就無法留住好人才。

超譯沉思錄

123

我們追尋的真理是不會傷人的，但是如果執著於自己的錯誤和無知，最終將會受到傷害，因此，如果要讓我心悅誠服地改正錯誤，必須能夠說服我，並證實我的所做所為確實不對。

自思一下　用權威壓制，只會得到表面順從

這句語錄的關鍵字是「心悅誠服」，而所謂的「心悅誠服」就是使人不只是行為上順從，就連思想和道德上都獲得認同。

孟子曾經說過：「使用武力去征服別人的，不能讓別人心悅誠服，他們只是力量不夠而已；運用仁德去使別人自願歸順的，他們就會心悅誠服地追隨你。」的確，如果想讓別人對自己「心服口服」，千萬不能用「拳頭」，因為，你用「拳頭」的武力，或許可以讓別人在「表面」上服從你，但實際上卻一點都不服你，如果想讓別人對自己心悅誠服，必須用「心頭」的仁德來感化別人，如此一來，才能讓別人心甘情願地臣服於你。

124 不要讓轉眼的瞬間，成為自己的終生遺憾

心靈安全氣囊

時間比金錢還要重要

許多人庸庸碌碌，大把大把的浪費時間，那是因為還無法體會「時間就是金錢」的道理，在成長的過程中，都曾經歷過百般無聊、無所依憑的歲月，但只有懂得把握時間的人，才能把生命活出璀璨的價值。

超譯沉思錄

124

就算是一個轉瞬的時間點，卻可以在每個人身上同時發生許多事情，其中有些事情分別瞬間發生在肉體和靈魂上面……如果可以想通這一點，就算所有事物都同時在這個被稱為宇宙的世界中瞬間存在，也不會感到驚訝。

自思一下　與其注視瞬間就消失的事物，不如好好活在可以變成永恆的瞬間

這句語錄的關鍵字是「轉瞬」，而所謂的「轉瞬」就是一轉眼的瞬間，但這個瞬間卻也可能成為「永遠」。毛姆曾經寫道：「時間是人生最寶貴的財富，因為它轉瞬即逝，而浪費時間，只會消磨生命，並沒有任何意義。」

其實，在日常生活中，有很多轉瞬即逝的例子，譬如在機場的告別，前一分鐘還相互擁抱，下一分鐘轉眼之間已經各自天涯，因此，必須珍惜彼此相處的每一分、每一秒，如此一來，才不會讓轉眼的瞬間，成為自己的終生遺憾。

125

我們總是覺得別人比自己聰明

心靈安全氣囊

工作做不完，往往都是因為瑣事的干擾太多

有人經常會抱怨「工作太多，時間太少」其實，工作做不完，往往都是因為干擾太多，以致於消磨掉辦正事的時間；想要排除干擾，可以從排行事曆開始，以三十分鐘為單位來規劃行程，你會發現準時完成工作不是一件困難的事。

超譯沉思錄

125

在洞察事物時，保持平靜的心態，不要受到那些向你動怒的人干擾，如果是因為他們犯錯而讓你感到坐立難安，必須想辦法來阻止他們繼續再做那些事，因為他們自以為那些事情符合自己的目的，並可以帶來好處，所以才會被牽著鼻子走。

自思一下　**無法在時限內完成工作，往往不是時間太少，而是干擾太多**

這句語錄的關鍵字是「干擾」，而所謂的「干擾」就是讓人分神、焦慮，而不能將手邊的事情完成的行為。

威廉．詹姆斯曾說：「愚蠢的人，總是見不得別人比自己聰明，而聰明的人，總是用別人的愚蠢來發現自己所缺乏的智慧。」的確，只要是人，情緒很容易受到別人的干擾而起伏，譬如我們都會覺得別人比自己聰明，比自己有智慧，就會在無形中感到自卑，以致於影響了自己的生活，甚至是工作的步調。

但是我們卻都沒有想過，搞不好我們認為比自己有智慧，比自己聰明的那個人，也認為我們在某個領域比他們聰明，比他們有智慧，因此，又何必妄自菲薄和庸人自擾呢？

126 裝睡的人，永遠叫不醒

心靈安全氣囊

有些人時間到了，自然就會醒過來

一些堅持己見的人，不管怎麼開導，都無法將他喚醒，其實，想讓人從迷惘中醒來，時機也是很重要的，就算他此時不明白錯誤，等時機到了也會了解。

超譯沉思錄
126

喚醒自己的靈魂，重新回到清醒的感覺吧，如果你的肉體還沒有死亡，你的靈魂已經不存在，那將是一種莫大的恥辱，當你從睡夢中喚醒自己時，將會發現讓你憂心忡忡的事情可能只是在夢中。

自思一下　很多沒辦法喚醒的人，極有可能是在「裝睡」

這句語錄的關鍵字是「喚醒」，而所謂的「喚醒」就是將一個人從他全神投注在某項事物當中的「負面情緒」之中拉出來。

有位名人曾經說過：「成功的信念在人腦中的作用就如鬧鐘，會在你需要的時候將你喚醒。」的確，在人生過程中，我們通常有大半的時間，是處於「昏睡」的狀態，然而，往往需要某個事件對我們造成的某種刺激或是打擊，才會澈底地從「昏睡」的狀態中清醒過來，因此，網路上才會有人有感而發地說：「每天叫醒我們的不應該是鬧鐘，而是夢想！」但是，有一種人就算你在他的耳邊敲鑼打鼓，也都無法將他叫醒，而這種人就是「裝睡」的人。

127 只要心態保持年輕，就不用怕變老

心靈安全氣囊

老化是一種成熟的表現

大多數人把變老想成是身體衰退，是一種不好的腐朽過程，但少數人認為老化是一種成熟的表現，是一種將經歷過的歲月、智慧、歷練表現出來的途徑，所以，如果懂得調整心態，變老也不是這麼可怕的事情。

超譯沉思錄 127

大海只是宇宙茫茫滄海中的一粟，而亞細亞只是宇宙中用肉眼看不見的一粒小沙子，現在我們所處的時間只是宇宙永恆時間中的一個小點，只要想通這點，就可以了解所有事物都是萬分渺小、變化無常且極易腐朽的道理。

自思一下　很多人害怕衰老、退化、腐朽，卻忘了這是人生必經過程

這句語錄的關鍵字是「腐朽」，而所謂的「腐朽」就是腐壞、枯萎，失去原來生機盎然的模樣，但也有一種意思是指腦袋迂腐，不知變通。

泰戈爾曾經寫道：「有了智慧不用，智慧就會變成裝飾品，而且會在慢性的腐朽中煙消雲散。」

奧斯特洛夫也曾經說過：「人的一生可能燃燒，也可能腐朽，只有選擇燃燒的人，才不會讓自己腐朽。」

其實，每個人打從娘胎出來的那一天，就開始朝著「腐朽」之路前進，因為，每個人終究都難逃一死，因此，如何在這短短幾十年的人生當中，用夢想燃燒自己的生命，讓人生過的快樂和精采，才是必須去思考的問題。

128

擁有一顆永遠好奇的心，你的世界就會永遠新鮮

心靈安全氣囊

一模一樣的每一天，也可以有不同的生活方式

有些藝術家的腦袋總是隨時活躍著種種天馬行空的想法，彷彿覺得世界每一天都新鮮；其實，那些藝術家，跟我們沒什麼不同，只是他們擁有一顆永遠好奇的心，才能夠覺得世界總是新鮮。

超譯沉思錄

128

生命本來就充滿不幸、抱怨和可笑的陰謀，那有什麼新鮮的？你要看透才行，何必自尋煩惱，那麼讓你如此不安的原因到底是什麼？難道是事物的形式嗎？或者是你無法透徹清楚的內在實質。

自思一下　覺得生活之善可陳，其實是因為沒有一顆永遠好奇的心

這句語錄的關鍵字是「新鮮」，而所謂的「新鮮」就是從來沒有見過，讓自己充滿好奇心的新奇事物。

《深夜加油站遇見蘇格拉底》這本書曾經寫道：「你必須在新鮮的空氣、新鮮的食物、新鮮的水、新鮮的覺察力和陽光當中，找到未來令你震撼的事物。」

一般來說，成功者與失敗者最大的差別，就在於成功者能夠勇於去嘗試從來沒有嘗試過的新鮮東西，而失敗者則永遠只會待在自己原本熟悉的「舒適區」，不敢去嘗試自己沒有把握的新鮮事物。

129

反省是一面鏡子，可以照見心靈上的玷污

心靈安全氣囊

換個方向思考，白布的污漬可能會變幻成美麗的圖樣

現在社會對於錯誤的容忍越來越低，甚至會因為衣服或是包包上的小汙點就勃然大怒，進而不惜浪費地丟棄不用，然而，這是因為這些人缺乏創意，不懂得換個方向思考，或是欣賞它們的不完美。

超譯沉思錄

129

在那些冒犯你的人之中，根本沒有人真正做了讓你心靈被玷污的事，所謂的傷害，只存在於人心，除此之外，還有什麼能傷害到你呢？其實，每個人都會做錯事而誤入歧途，因此，無論在什麼情況下，都可以勸導那些迷失的人，並讓他們重新找回正確的方向。

自思一下　用「反省」這塊「心靈抹布」去除掉心靈上的玷污

這句語錄的關鍵字是「玷污」，而所謂的「玷污」就是在乾淨整潔的物品上，或是在心靈上，留下永遠也無法清除的污漬。

高爾基曾經寫道：「反省是一面可以照見心靈上玷污的鏡子。」的確，當我們做錯事不懂得反省和認錯的時候，永遠不知道自己做錯事那個當下的面目有多可憎，然而，只有懂得將「反省」當做一面「心靈鏡子」，才可能在這面「鏡子」當中，看見自己做錯事的面目到底有多醜陋？進而將「反省」當成「心靈抹布」去清除掉心靈上的玷污。

130 所有的誤會，都是從「誤以為」開始

心靈安全氣囊

誤會，往往都是因為溝通不良造成的

通常，「誤以為」所產生的誤會，總是很難解開，其實，會發生誤會，往往都是因為溝通不良造成的，這種時候，絕對不能「事情過了就算了」，而是應該抓緊「黃金第一時間」跟對方解釋清楚。

超譯沉思錄

130

當你在譴責一個人背信棄義時，實際上是間接地譴責你自己，因為很顯然這個錯誤是你自己犯下的，誰叫你在一開始要誤以為這些背信棄義的人會信守諾言…

自思一下　可怕的不是「誤以為」產生的誤會，而是將誤會繼續延續下去

這句語錄的關鍵字是「誤以為」，也就是認為自己感覺到是正確的，結果到後來卻發現不是。

俄國文學批評家皮薩列夫曾經說過：「不是每做一件事都需向別人解釋，因為不停的解釋，別人可能會將你的解釋，理解成一種掩飾或心虛。」

其實，所有的誤會，大都是從我們「誤以為」開始，只要別人對自己的「誤以為」有一點點誤解，我們就會拼命地想為自己辯解，殊不知，有時候，越想為自己辯解，越會讓別人以為自己心虛，甚至以為自己真的做錯了別人誤解的那件事。

131 所有偉大發明，都會有一個荒謬開頭

心靈安全氣囊

不要對荒謬有負面的成見

並非所有荒謬的事情都是負面的，重點應在於這件「荒謬」的事情，是在什麼情況之下發生的，如果是為了完成某件了不起的事情，即使一開始所做的事情被別人視為「荒謬」，也要勇敢地去面對和承受。

超譯沉思錄 131

當你幫助別人之後，為何一定要從中獲取回報？這就好像用來走路的腳要求回報，或是眼睛看東西也要要求回報一樣荒謬，因為，這些身體的器官只是按照各自的功能做它們應做的工作，人也是如此，當人們做出幫助別人的善舉，其實也是遵照自己心靈的引導，做他認為應該做的事。

自思一下　許多覺得荒謬的事情，其實都是自己必須面對的事實

這句語錄的關鍵字是「荒謬」，而所謂的「荒謬」就是非常不合乎常理的事情或是話語，但諷刺的是大部分的人卻信以為真。

法國哲學家加繆曾經說過：「所有偉大的想法，一開始都會讓人覺得荒謬。」其實，不論做任何事情，幾乎都會遇到一些被人視為「荒謬」的事情，雖然，這些「荒謬」讓人很難接受，但依然要調整心情，好好的接納它，因為有些「荒謬」的事情，在有些人的眼中可能是準備發想某些創意或發明的源頭，就像發明飛機的萊特兄弟，一開始要讓人類像鳥一樣飛翔在天空，在當年不也被當成一種非常荒謬的想法。

132

擔心自己一閒下來，就會被別人超越

心靈安全氣囊

該休息的時候，就好好休息

通常一有閒暇時間，我們就又會去做其他的事情，譬如去看看一些跟工作上相關的書，去聽幾場跟工作相關的講座…其實，閒暇時間就應該好好休息，而不是用另外的工作讓自己更加疲倦。

超譯沉思錄

132

或許，你沒有閒暇時間或能力去閱讀，但在需要超越快樂和痛苦時，你肯定會有時間的，只要你想做，也肯定有時間來戒除身上的傲慢和熱愛虛名的習氣；另外，不要把時間浪費在那些愚蠢和忘恩負義的傢伙身上，你完全可以不必理會他們。

自思一下　忙裡偷閒，是在世界上所能偷到的最美好東西

這句語錄的關鍵字是「閒暇」，而所謂的「閒暇」就是一段能夠完完全全屬於自己使用的時間，也是一段讓自己突然不知道應該做什麼事的空閒時間。

挪威作家易卜生曾經寫道：「充分的閒暇是真正的思想家最嚮往的東西，平凡的學者不知如何打發閒暇，所以才會迴避它。」的確，在這個競爭激烈的社會，我們往往閒不下來，再精準的說是深怕只要自己一閒下來，就會被別人超越，而這都是不懂得有時候「閒暇時間」，反而更能讓自己頭腦清楚，反而更能讓自己在接下來準備做的事情上面，更有衝勁。

133

不要用一時的快感，做出任何決定

心靈安全氣囊

一時快感所做的決定，要用一輩子的「後悔」去償還

在這個瞬息萬變的社會，每個人都會鼓勵你必須具備「踏出第一步」的勇氣，但當你放手一搏踏出第一步，往往慘遭失敗，其實，那些覺得自己很有勇氣、很有衝勁的人，只不過是想享受那種「放手一搏」的快感，才會做出不周延的錯誤決定。

超譯沉思錄
133

當你忘記去做某件非常有用的事情，就會感到自責和後悔；但是一個善良的人，並不會因為錯過了什麼感官快感而心存遺憾，或是感到後悔，因為，善良的人一定有他被別人尊重的德性，就像好的東西必然有它的可用之處。

自思一下　瞬間的快感過後，留下的就是長久的後悔

這句語錄的關鍵字是「快感」，而所謂的「快感」就是一種痛快、爽快的感受和情緒，但這種情緒後面通常接著空虛、失落、後悔和痛苦的負面情緒。

有位哲人曾經說過：「所有會讓我們遺憾一輩子的決定，往往都是在一時快感的情況下，所做出的決定。」的確，人吃五穀雜糧，難免會被七情六慾所產生的情緒，尤其是一時快感的衝動情緒，而左右了自己的決定，因此，無論如何，都要記住，現在一時快感所做的決定，往往要用一輩子的「後悔」去償還。

所以，培根才會告訴我們：「無論你如何憤怒，都不要做出被情緒所左右，讓自己無法挽回的事情。」

134

現在習以為常的事物，都曾經是十分新奇的事物

心靈安全氣囊

只要用心感受世界，就會發現新鮮事物

在現實世界中，我們一直被推陳出新的事物轟炸，以至於不少人有「資訊焦慮」的症狀，總覺得應該接受更多的新奇事物，才不會被時代淘汰，但其實只要用心感受世界，就會發現每天的日常生活當中有不少以前被我們忽略的新奇事物。

超譯沉思錄

134

無論碰到什麼樣的人，都要記得問自己，這個人對於生與死、苦與樂、因與果……等等問題到底有什麼看法，這個人的是非善惡觀念是什麼呢？他會做出各種讓我們無法想像的事，根本不值得驚訝和感到新奇，我只會認為他是不得不這樣做的。

自思一下　對於新鮮事物，一開始感到驚訝，以後卻會習以為常

這句語錄的關鍵字是「新奇」，而所謂的「新奇」就是讓人覺得新鮮或是驚奇的人事物。

古羅馬哲學家盧克萊修曾說：「一開始總是感到驚奇的新鮮事物，只要時間久了就會習以為常。」的確，通常早上還是非常新鮮的新聞，到了晚上就變成無人聞問的舊聞了。

其實，只要是人，說穿了就是是一種喜新厭舊的動物，永遠喜歡新奇新鮮的事物，厭惡習以為常的舊事物，但卻都忘記這些被我們厭惡的舊事物，在不久之前，還都是讓我們喜歡的不得了的新奇事物。

135 別讓「執著」成為不肯改錯的藉口

心靈安全氣囊

不要讓堅持變成不知變通

在這個變化莫測的世代裡，懂得改變，往往就能搶得先機，所以，「堅持」並不是一件壞事，只是如何堅持值得執著和堅持的事情，需要更大的智慧，否則，就會淪入不知變通和執迷不悟的下場。

超譯沉思錄
135

這是你自己的選擇，而這個選擇是根據你的行為習慣和內在想法所做出的決定，所以實際上也符合你的主觀觀點。記住，觀點是可以改變的，聽從指出你錯誤所在的人的指正，並不會違背自己的原則，即便是在執迷不悟的時候，同樣適用。

自思一下　犯錯並不可怕，可怕的是永遠不知道自己錯了

這句語錄的關鍵字是「執迷不悟」，所謂的「執迷不悟」就是即使自己的感受、感觸是錯誤的，也不被任何人所影響，另一種解釋則是非常頑固的堅持。

芬萊·杜納曾經寫道：「一個執迷不悟的人，最糟糕的就是自以為是的執著。」的確，每個人都會犯錯，但是，最糟糕的就是明知自己犯了錯，卻還搬出這都是自己的「執著」來當成不肯改錯的藉口，而這是一種最愚笨的行為，因此，古羅馬政治家西塞羅才會告訴我們：「每個人都會犯錯，只有愚蠢的人才會不肯改過。」

136 找出癥結，才能發現問題背後的問題

心靈安全氣囊

找出問題癥結，不要只會抱怨

有很多人喜歡抱怨生活中或是工作上的瑣事，而且讓抱怨佔滿了自己的人生，其實，那些喜歡抱怨同樣事情的人，通常都是不想花時間去找出問題癥結的人，否則，別人可以同時兼顧工作和瑣事，為何他卻不能呢？

超譯沉思錄 136

如果這件事是力所能及的，為何不做呢？但是，如果這件錯誤的事在別人的職責範圍之內，根本無需責怪任何人，因為怪誰都是荒唐可笑的，假如真的想做點什麼，那還不如去找出問題的癥結所在，如果找不出問題的根源，至少去改正事物本身，如果連這也做不到的話，光發牢騷又有何用呢？

自思一下　如果找不到問題的癥結，永遠無法拔除問題的根源

這句語錄的關鍵字是「癥結」，所謂的「癥結」就是所有想逃避的人，不肯去面對的問題關鍵。

愛因斯坦曾經說過：「我除了喜歡追根究柢已經沒有問題的問題之外，沒有什麼特殊的才能。」的確，當我們面對一開始被認定為問題的問題，只要能像愛因斯坦一樣，肯用「打破砂鍋問到底」的精神去深入追究問題的關鍵，那麼即便被大家認定已經沒有問題的問題，也一定能追出問題背後的問題。

因為，通常認為沒有問題的問題，往往是根本不知道問題出在哪裡，或者不知道什麼問題才叫做問題？

137 人生苦短，所以要及時行樂？

心靈安全氣囊

苦幹實幹不一定等於能幹

現在的年輕人找工作都想找「輕鬆賺錢的工作」，讓人覺得他們不想吃苦，只想貪圖享樂，但事實真的如此嗎？其實不然，因為現在的年輕人認為苦幹實幹不一定等於能幹，才會想做一些CP值高的快樂工作。

超譯沉思錄
137

事物存在於世上，一定有它的功能和用處，譬如一匹馬，一棵葡萄樹，都有其存在的意義，那麼你又是為了什麼目的而來到這個世界的呢？只是為了貪圖享樂嗎？問問你的良心，這真的是你存在的目的嗎？

自思一下　「及時行樂」之前，該做的事情還是要做

這句語錄的關鍵字是「享樂」，所謂的「享樂」就是讓自己沉浸在快樂與享受當中。但最後往往會用「空虛感」當成享樂的「句點」。

沃維納格曾經寫道：「人生苦短，但也不能因生活充滿艱辛，就慶倖其短暫，更不能阻止我們及時行樂。」

其實，很多人都有一種「人生苦短，及時行樂」的想法，但這種想法難免會給人有一種逃避現實的味道，然而，話又說回來，並不是說人生不能「及時行樂」，而是在「及時行樂」之前，該做的事情還是要做。

138 做自己認為對的事，就可以做自己的英雄

心靈安全氣囊

做善事的出發點，是為了自己

其實，有些行善的人做善事的出發點，並不一定是為了別人，而是為了自己，也就是為了讓自己的心裡舒服一點，所以捐錢、助人、做義工……等等的善舉，才能持續不懈的一直做下去。

超譯沉思錄
138

有些往生的人，甚至在很短時間就無人記得，有些人雖然成了傳說中的英雄人物，卻在須臾之間就在傳說中消失。要記住，我們都只是彌留於世間的渺小生命，註定是要被分解成宇宙的基本元素，因此，實在沒有必要去爭奪往生之後，無法帶走的名利。

自思一下　在我們眼中的普通人，在別人眼裡可能是蓋世無雙的英雄

這句語錄的關鍵字是「英雄」，所謂的「英雄」就是不被現實困難擊敗，但偶爾也會為了顧全大局，因而跟現實妥協的人。

羅曼．羅蘭曾經說過：「英雄與平常人最大的差別就是英雄會去做他一開始不想面對的事，而且盡力做到最好，而平常人卻會選擇逃避。」的確，我們通常認為能夠被大家稱為英雄的人，一定是做過很多了不起的大事，但卻都不知道，其實只要能做自己認為對的事，即使無法被別人稱作英雄，至少也可以做自己的英雄。

第九輯

誰說「人生剩力組」不能成為「人生勝利組」

只要時時做好準備，無論是什麼樣的身分地位，都有出頭的機會，也就是即便從小咬著「塑膠湯匙」出生的「人生剩力組」照樣可以跟那些含「金湯匙」出生的「富二代」一樣成為「人生勝利組」。

THE MEDITATIONS

139 再如何過不去的難題，終究會過去

心靈安全氣囊

在安逸的環境之中，做好面對困境的準備

「生於憂患、死於安樂」的意思是人們總是在激盪困頓當中積極求生，在安穩和樂的環境下失去生命，但這不代表人必須主動去追逐困難，而是在安逸的環境之中，必須做好面對困境和挫折的準備。

超譯沉思錄 139

無論是對你的身體，還是對靈魂，痛苦都被當成一種罪惡。不過，在身體遭受痛苦時，就讓它表達出對痛苦的切身感受，而靈魂則完全有能力保持自身原有的平靜，甚至可以用這種能力，不再將痛苦視為一種罪惡。

自思一下　一味地維持平靜，會喪失在波濤洶湧中生存下來的能力

這句語錄的關鍵字是「平靜」，所謂的「平靜」就是可以解釋成是一種心靈平緩安靜的狀態，或是處在逆境挫折之中需要的一種心態。

有位哲人曾經說過：「所有的創傷都是成長的印記，不論是身體或是心靈上的創傷，一個人只有受過傷才會長大，更何況再如何刻骨銘心的愛恨情仇，也都會在事過境遷之後，變成一種曾經…」

的確，再如何風狂雨驟的暴風雨，也都會有回歸平靜的時候，因此，千萬不要一遇到挫折和困難就立刻退縮不前，只要心靈保持在平靜狀態，那麼再如何過不去的難題，也都終究會過去的。

140

兩點之間，「直線」不一定最近

心靈安全氣囊

有時候迂迴一下，可以讓自己少受到傷害

以物理學來說「兩點之間，直線最近」確實是真理，但人性是無法用科學去計算的，而成功與否，往往就跟是否懂得適時調整被當成真理的原則有關，雖說「兩點之間，直線最近」但如果迂迴一下，有可能會讓自己少受到一些傷害。

超譯沉思錄
140

如果每件事都已經盡心盡力，當然就可以問心無愧，或許其中會有某種積極的力量遭到阻礙，只要能坦然面對，並竭盡全力地把重心轉移到正確的方向，擋在你面前的阻礙也會隨之而去，這就是我們經常說的「自我調整」，而當你實現這個基本目標時，是沒有任何人可以阻止你的。

自思一下　調整不是屈服，而是讓走向目標的道路更加順暢

這句語錄的關鍵字是「調整」，所謂的「調整」就是為了讓事情往好的方向發展，而進行的修訂和改正。

莫泊桑曾經寫道：「人生，既不是人們想像的那麼好，也沒有想像的那麼糟。」

歌德也曾經說過：「如果不主宰自己，適時調整心態，永遠只是一個奴隸，如果只會遊戲人生，就會一事無成。」

的確，如果想讓人生跟自己想像中的那麼美好，重點就在於是否懂得適時地調整心態，否則，就永遠只能做別人的「奴隸」。

141 「忍受」就是忍耐和享受所有痛苦的事

心靈安全氣囊

只要可以忍受痛苦，就可以讓自己變得更強大

中國當代作家王小波曾經寫道：「一個人活在世上就是為了忍受一切摧殘，想通了這點，任何事情都能泰然處之。」的確，如果能夠想通人來到這個世界上，就是要來忍受痛苦的無情摧殘，就不會像之前一樣活的那麼痛苦。

超譯沉思錄 141

不要因為想像人生苦短而感到不安和苦惱，不妨在夜深人靜問問自己，到底有什麼無法忍受和過不去的事？並且告訴自己，將來和過去都無法給自己帶來痛苦，可以帶來痛苦的就是當下這一刻，只要懂得去面對它，這種痛苦就會成為自己的心靈養分。

自思一下　忍受並不是屈服，而是爭取更多時間把事情想的更清楚

這句語錄的關鍵字是「忍受」，所謂的「忍受」就是壓抑情緒，不被一時衝動所左右。

有句話說：「忍一時風平浪靜，退一步海闊天空」，但在這個變化快速的世界，「忍受」似乎已經不是一個值得推崇的美德，因為，現代有些年輕人認為不喜歡，就要大聲說出來，幹嘛要強迫自己去忍受不喜歡做的事，而且，還要閉著睛睛說自己不在乎呢？

但話又說回來，懂得「忍」的人，不見得是膽小或是怕事，而只是比別人懂得用忍耐來爭取找到解決問題方法的時間，以讓自己在別人都選擇放棄的時候，還可以堅持到底。

142 不要去做別人眼中的自己

心靈安全氣囊

擅長或熟悉的工作不等於喜歡的工作

有很多人在辭掉朝九晚五的工作，自己創業後，才說「終於找到自己的價值」，其實這些人在創業之前所做的工作，不見得是自己喜歡的工作，而是最熟悉的工作，然而，在熟悉的工作上，或許會獲得「成就」，卻沒辦法獲得「成就感」。

超譯沉思錄 142

在生前執著追求死後名聲的人，沒有想到在自己死後會與那些現在無法認同的人完全一樣，如果提早體會這個道理，那些執著追求名聲的人就不會在乎自己死後，那些人發出這樣或那樣的評價，而是會努力地活在眼前的這一刻……

自思一下　人生最重要的，不是別人口中的評價，而是自己認定的價值

這句語錄的關鍵字是「評價」，所謂的「評價」就是用自我主觀意識去評定那些人事物具有何種價值。

盧梭曾經寫道：「只有自己才能決定自己的人生價值。」其實，這句話的道理每個人都懂，但是，很多人卻經常在無意之間，讓別人去決定自己的人生價值。

愛迪生也曾經說過：「可以不用經過艱苦辛勤的工作就能夠得到的，就不是真正具有價值的東西。」因此，只要你肯用心努力地去面對人生當中的所有艱苦挑戰，並且問心無愧，又何必在乎別人對你那些指指點點的評價，換句話說，只要自己可以肯定自己，就可以不必去理會自己在別人心目中到底有沒有價值。

143 有時候「繞道而行」是到達目標最快的捷徑

心靈安全氣囊

繞道而行，雖多花了一點時間，卻少了被時間追趕的壓力

為了增加競爭力，我們往往選擇兩點之間，最短的「直線」去完成工作，然而，在這種做任何事都必須「立竿見影」的高壓力氣氛中工作，往往讓人覺得喘不過氣，因此，當覺得壓力太大時，不妨改採「繞道而行」的方法。

超譯沉思錄
143

這根黃瓜是苦的，就扔掉吧；路上有荊棘，不妨繞道而行，這就足夠了。你親眼所看到的第一個印象是什麼就是什麼，不要再妄加揣測了，也不要繼續追問這世上，為何有這種東西？除非你知道世上發生的每一件事，否則不要自尋煩惱⋯如果有人跟你說某人在說你的壞話，聽聽就好了，因為你並沒有因此而受到損害。

自思一下 **繞道並不是壞事，反而能在繞道的過程，看到更多美麗的風景**

這句語錄的關鍵字是「繞道而行」，所謂的「繞道而行」就是走向目標時，不採取最近的直線距離，但卻可能是到達目標最快的捷徑。

有位哲人曾經說過：「想登上山峰，直線並不是最短的距離，而是要懂得繞道而行。」的確，不論做任何事都必須懂得變通，遇到有一座山擋在自己的前面，如果無法翻越過去，就試著從山的旁邊繞過去吧！

雖然，「繞道而行」可能會花掉比較多的時間，但至少可以不被眼前的這座山擋住了去路，而且在繞道而行的路程中，可能會發現原本走「直線」無法看到的美麗風景。

144

「垃圾」只是暫時還沒被發現的「鑽石」

心靈安全氣囊

「垃圾」只是找不到另一種用處的物品

在自然資源日漸稀少的現在，「環保」和「廢物利用」變成一個普遍的常識，但是人們卻普遍認為垃圾是無用和骯髒的，其實，世上沒有垃圾，有的只是找不到另一種用處的物品而已。

超譯沉思錄

144

宇宙雖然給每種事物設定各種限制和功能，卻可以從既定功能和限制，無需任何外在實體的幫助，再度創造出全新的類似事物，讓它繼續為人所用，因此，在宇宙之中不需要一個可以專門放置垃圾與廢物的回收場，這就是宇宙的高明之處。

自思一下　沒有真正的垃圾，只有放錯地方的寶貝

這句語錄的關鍵字是「垃圾」，所謂的「垃圾」就是被人嫌棄、厭惡，還沒被人發現用途的物品。

《神曲》作者但丁曾經寫道：「世界上沒有垃圾，有的只是暫時放錯地方的寶藏。」的確，在垃圾堆的東西不一定都是「垃圾」，可能只是暫時還沒被發現的「黃金」，也許在哪一天被懂得它的人發現它的用途，它就可能會從原本被人不屑一顧的「垃圾」，變成每個人都爭相擁有的「鑽石」。

145

「正直」等於「不懂得看人臉色」

心靈安全氣囊

越「正直」的人越「不識時務」

一個人做事正直誠實的結果，往往會得到「不懂得看臉色」、「不識時務」的種種批評，但是如果可以用正面的心態來面對這些批評，就會想通，其實這些批評又何嘗不是磨練我們正直德性的關卡。

超譯沉思錄

145

怎樣才能讓自己心中擁有一泓純淨的泉水？如果有人詛咒你，你的內心必須依然保持明智和冷靜，因為，即使有人站在清澈的泉邊詛咒，泉水並不會因此停止湧出甜美的泉水，如果這個人再把髒土或汙物扔進泉水，泉水也不會被其弄髒，因為它會立即將那些髒土或汙物沖刷乾淨……

自思一下　正直的人，不會理會別人的汙衊和誹謗

這句語錄的關鍵字是「正直」，所謂的「正直」就是公正無私，不偏頗對自己或對別人有利或有害的事，但也因此獲得沒有人情味，不知變通的批評。

亞瑟．戈森曾經寫道：「自覺自願地服從是人的本性，如果你不願意，沒有人可以強迫你用高標準來要求自己。」

愛爾維修也曾經說過：「把純潔的靈魂和高尚的精神結合起來，就是一個正直的人。」的確，只要擁有正直的靈魂，即使面對別人的汙衊和誹謗，依然會按照自己的生活節奏，去做想做的事和過想過的生活。

146 只要努力，「人生剩力組」也可成為「人生勝利組」

心靈安全氣囊

任何身分地位都有出頭的機會

只要時時做好準備，無論是什麼樣的身分地位，都有出頭的機會，也就是即便從小咬著「塑膠湯匙」出生的「人生剩力組」照樣可以跟那些含「金湯匙」出生的「富二代」一樣成為「人生勝利組」。

超譯沉思錄 146

如何看待那些不知自己身在何處或身份為何的人？其實，不知道自己為何存在的人，自然也無法知道自己究竟在哪裡？不知道本來面貌的人，也不會明瞭自己的真正身份，進而就會連自己活著是為了什麼都說不出來。

自思一下　通常被身分地位限制住的，往往都是自己

這句語錄的關鍵字是「身分」，所謂的「身分」就是在社會的種種階級和階層中，所屬的某個位子。

卓別林曾經說過：「小丑是我唯一的身分，而這個身分讓我比任何一個政治人物都高貴。」

聖嚴法師也曾經寫道：「學歷不代表身分，能力不代表人格，名位不代表品德，工作沒有貴賤，觀念及行為卻能決定一切。」其實，在現實生活中，很多人通常很在乎自己的「身分」問題，往往為了讓自己擁有一個比別人高尚的身份和地位，不惜「打腫臉充胖子」去做出超過自己能力範圍的事，殊不知，所謂的「身分」只是一種俗世的符號，而真正讓別人佩服你的，應該還是你本身的品格和能力。

147

不要拼命去做讓所有人都滿意的事

心靈安全氣囊

如果不滿意，可以另做選擇

有句話說：「沒有一個選擇能讓所有人都滿意，但起碼我們還能做出讓自己滿意的選擇。」我們身邊時常會有對生活不滿意，卻不知道該如何是好的人，其實，如果不滿意目前選擇的這種生活，何不讓自己換另一種選擇呢？

超譯沉思錄
147

你會讓那種在每小時責備自己三次的人來讚美自己嗎？你想從憎恨自己的人那裡獲得喜悅的祝福嗎？一個連自己對自己所做之事都會後悔莫及的人，如何可能讓自己滿意？

自思一下　生活不是為了滿足別人，而是為了讓自己滿意

這句語錄的關鍵字是「滿意」，所謂的「滿意」就是對所得到的事物，感覺到心靈富足和心滿意足。某位哲人曾說：「你都不一定對自己滿意，怎麼還會有讓所有人都滿意的妄想呢？」海藍也曾經寫道：「每一個不滿意的現在，都有一個不願努力和不願改變的『曾經』，而那個『曾經』往往只是前一個時刻的想法和行為。」

的確，我們的所做所為，確實無法讓所有人滿意，與其一天到晚拼命去做讓所有人都滿意的事，還不如將這些時間和精力，用來做讓自己滿意的事。

148

不要把生命看得太嚴肅，反正又不會活著離開

心靈安全氣囊

抱著「隨遇而安」的心態，才能讓生命更從容

在人生的旅途中，如果想讓自己走得更從容，就必須抱著「隨遇而安」的心態，因為並不是每個人都能擠上「名利」這條窄路，如果被擠出名利窄路之外，不如放鬆一下，悠閒地為自己的生命塗上更多可能的色彩。

超譯沉思錄

148

怕死的人，如果不是害怕喪失原有的感覺，就是擔心會有另一種無法預測的感覺，但是在死後沒有任何感覺，自然也就不會感覺到任何痛苦，如果會有另一種不同感覺，就代表你的生命沒有終止，而是轉化成另一種不同的生命個體。

自思一下　生命，是一輩子只能嘗試一次的旅程

這句語錄的關鍵字是「生命」，所謂的「生命」就是從娘胎出生到躺進棺材進入墳墓的過程，也是一段你想通為何要到人生走這一遭的艱辛歷程。

美國幽默作家李勒曾經寫道：「生命就像一部裁縫機，你放進什麼，就裁出些什麼。」

福特也曾經說過：「反正又不會活著離開，何必把生命看得太嚴肅。」

的確，如果我們能抱著「反正我們也不會活著離開人世」的態度，來面對人生過程中每一個痛苦和挫折，將會恍然發現，那些曾經讓自己痛不欲生的痛苦和挫折，根本就不值得一提！

149 所有準備，都只為了在人生舞台上換得片刻名利

心靈安全氣囊

用全新創意幫自己打造一個舞台

現在是創新的時代，或許，各大領域早已被成功人士把持著，但像微軟、臉書、蘋果電腦……都是靠著創新開發出全新的領域，闖出自己的一片天，因此，只要有新的創意，永遠都有機會創造一個完全屬於自己的舞台。

超譯沉思錄
149

悲劇上演的初衷就是為了提醒人們，應該關注發生在他們身邊的事情，是否符合自然本性的必然，如果可以欣然接受舞臺上的一切，那麼在更大的現實舞臺中，將不會煩惱和痛苦。

自思一下　與其抱怨自己缺乏舞台，不如為自己創造一個舞台

這句語錄的關鍵字是「舞臺」，所謂的「舞臺」就是使人能夠盡情發揮自己的才華和才藝的地方。

莎士比亞曾經說過：「因為，到了這個充滿白癡的偉大舞臺，因此，我們出生時都會大哭。」

藝人郭子乾也曾說：「人生就像在舞臺上演戲，千千萬萬個準備，只為了換得片刻的名利。」

其實，不論人生到底是一個充滿白癡的舞臺，還是為了換得片刻名利的舞臺，只要一站上去，就必須竭盡全力在這個人生舞台上，扮演好自己應該扮演好的角色。

150

不要讓自己成為「人生剩利組」

心靈安全氣囊

別讓自己「窮得只剩下錢」

「人生剩利組」是用來指那些「窮得只剩下錢」的有錢人，而這些有錢人在殘酷無情的金權競爭中，不知不覺地把自己的仁愛之心給消磨光了，所以，不讓自己陷入「為富不仁」的泥淖之中，是遠比「成功」還要困難的事情。

超譯沉思錄

150

如果有人憎恨我，就讓他去憎恨，但我依然會保持原來的仁愛與和善態度，假如有人鄙視我，讓他自己去鄙視，我所關心的是不讓自己的一言一行有鄙視的地方，而且，我對這些憎恨和鄙視我的人，不會用責備的口吻，但也不會擺出一副忍耐他們的態度。

自思一下　「仁愛」之心，雖然看不出價值，卻比任何實物還要昂貴

這句語錄的關鍵字是「仁愛」，所謂的「仁愛」就是心裏有著對人仁慈、愛護的一種正向態度和心靈動力。俄國作家陀思妥耶夫斯基曾說：「相互關心和照顧的仁愛和親情，對於一個病人來說，有時甚至比藥物更有效果。」

戴爾・卡耐基也曾經寫道：「仁愛和友善的方式比任何暴力更容易改變別人的心意，就像太陽比北風更快的脫下你的大衣一樣。」的確，任何外在的武力或是暴力，都遠遠比不上一個人擁有的仁愛之心，一個人的仁愛之心，不僅可以化干戈為玉帛，甚至還可以化解仇恨和療癒一個受傷的自卑心靈。

151 戀愛是一種練習愛對方的過程

心靈安全氣囊

戀愛是一種可怕的力量

可以將並不熟悉的兩人永遠牽連在一起的戀愛，確實是一種可怕的力量，而且，無論是悲傷、快樂、痛苦、憤怒，在戀愛關係中，都會被逐一激發出來，進而轉化成兩人日後在一起的養分。

超譯沉思錄
151

一個人的所有品行，可以在他的眼睛裡一目了然，就像戀愛中的人可以從對方的眼睛裡，立即讀懂一切，人與人之間，既相互奉承，又互相鄙視，每個人都希望高人一等，卻又卑躬屈膝的匍匐在別人面前，這是多麼諷刺的場景啊！

自思一下　戀愛雖然不是生命的全部，但只有它能豐富生命

這句語錄的關鍵字是「戀愛」，所謂的「戀愛」就是兩人之間互相愛慕，進而讓兩人產生在一起生活的一種異性相吸的情感。

羅蘭曾經寫道：「如果你愛一個人，先不要管他愛不愛你，而是要努力讓自己值得被愛。」

培根曾經說過：「世界上，可以干擾一個人的情緒，阻礙一個人往既定人生目標前進的只有愛情。」

有句話說：「戀愛會使人盲目。」的確，戀愛會讓一個原本聰明絕頂的人，頓時，變成一個愚蠢的人，因為，戀愛之中的人，太想做別人眼中那個完美的自己，才會經常做出平常根本不可能做出的蠢事。

152

撕掉別人貼在我們心裡的標籤

心靈安全氣囊

別人無法決定你是「高等」還是「低等」？

其實，階級或是等級的外在標籤，往往是在無形之中貼在我們的心裡，所以，抹去心裡的烙印，撕掉別人貼在我們心裡的標籤吧，因為可以決定你是「高等」或是「低等」的人只有自己。

超譯沉思錄

152

假如一個人觸怒或反對你，思考一下，你和他們之間的關係是什麼？這可以從最基本的原理來思索這個問題，如果組成事物的不僅是原子微粒，那麼安排一切事物的就是自然本身，我們在被創造出來之時，就註定要相互合作，我們在被創造出來之時，便註定要高人一等，猶如獅群中的公獅，群羊中的牡羊。

自思一下　高等和低等的差異，不是在於身分地位，而是思想的高度

這句語錄的關鍵字是「低等」，所謂的「低等」就是素質比平均值低劣，被一些號稱高等動物歧視的群體。有位哲人說：「做事不經大腦，想做什麼就做什麼，是一種低等動物的徵兆。」其實，這句話的意思，也不是說跟著感覺走，想到那裡就做到那裡的人，一定就比較「低等」，而是做任何事，到底懂不懂得思考，如果做事不懂得思考，或是考慮得不周延，那麼做出來的事情深度和層次，就會比做事深思熟慮的人「低等」。

153

除了自己，沒有人可以剝奪我們嘗試的機會

心靈安全氣囊

站在巨人肩膀上看以前沒看過的世界

有人說，一味地跟著成功人士的腳步學習成功經驗，其實是被剝奪了嘗試的機會，這個說法有待商榷，因為，只有「站在巨人的肩膀上看世界」才能看著越高越遠，也才能發現更多可能的嘗試機會。

超譯沉思錄

153

每一個靈魂都不希望自己的真理和力量被剝奪，所以，一個人所做的事情是正確的，我們沒有發怒的理由，如果他們所做的事是錯誤的，無非是出於無知，或是出於不自覺，因此，也無須指責。因為，當人們被別人指責為貪婪、不正直、忘恩負義…必然是痛苦的。

自思一下　我們擁有的都可能被剝奪，不會被剝奪的，只有藏在腦袋的思想

這句語錄的關鍵字是「剝奪」，所謂的「剝奪」就是自己原本擁有的東西被強行無理的奪走。

蘇格拉底曾經寫道：「誰也無權剝奪別人心裡想要想什麼的權利，更無權改變別人的信仰。」

舒馬赫也曾經說過：「如果嘗試的機會被剝奪了，那麼連犯錯和改正錯誤的機會也一併被剝奪。」

的確，沒有任何人可以剝奪我們嘗試的機會和天馬行空的思考權利，當然這裡講的「任何人」也包括我們自己，換句話說，如果自己不給自己嘗試的機會和天馬行空的權利，等於是自己剝奪自己突破目前現狀，邁向成功的機會。

154 放手一搏，才能扭轉原本被設定的命運

心靈安全氣囊

堅定自己的毅力和信心

擁有信仰的人，往往比沒有的人更有自信、樂觀，但擁有信仰，並不表示就要被規矩給拘束，某些成功人士並不是因為有了信仰才成功，而是在信仰之中，更加堅定自己的毅力和信心，才能放手一搏去完成自己設定的成功目標。

超譯沉思錄
154

真正讓我們坐立難安的並非是別人的行為本身，而是讓我們煩躁不安的負面想法，因此，不如先清除一下自己的負面看法，並毅然決然地放棄原本對某件事可悲可嘆的判斷。

自思一下　「宿命論」是缺乏意志力的弱者，經常使用的藉口

這句語錄的關鍵字是「毅然」，所謂的「毅然」就是不在乎任何後果，放手一搏去做自己認為對的事。

拿破崙曾經說過：「一個人即使在最危急的時候，也要相信自己的勇敢與毅力，並且養成信賴自己的習慣。」

雨果也曾經寫道：「世人缺乏的不是力量，而是毅力。」其實，在人生過程中，身處的環境越艱難困苦，就越需要堅定的毅力和信心，因為，只有毅力才可以讓我們毅然決然，放手一搏去度過人生的困境。

但一遇到無法解決的問題，就說這都是自己「宿命」的人，最後不會成功，似乎也是命中注定的事。

155

「感情用事」往往會成為成就大事的阻礙

心靈安全氣囊

別用「感情用事」做決定

我們的周遭有不少人的事業是毀在自己的「感情用事」上面，好像只有冷酷無情、六親不認才是做大事、成大業的方法，但問題是「六親不認」的人，即使真的成功，也找不到人可以分享他的成功喜悅。

超譯沉思錄
155

易怒的情緒和內心的痛苦是一個人軟弱的特徵，容易被憤怒控制與陷入內心痛苦的人，都會用武裝自己來掩飾自身的傷害，因此，一個人的感情越接近於平靜，就越接近真正的自己。

自思一下　每個人都曾經因為「感情用事」而搞砸了事情

這句語錄的關鍵字是「感情」，所謂的「感情」就是對自己以外的人事物，所產生的情緒波動，而這種情緒波動會影響自己所做的決定。

凱洛夫曾經說過：「感情是一切道德行為的重要前提，它有著極大鼓舞人心的力量。」

瓦西列夫也曾經寫道：「過於用冷靜的思考來壓抑自己的衝動情緒，容易讓人的精神生病。」

其實，人是一種感情的動物，難免都會因為外在事物，讓自己的情緒受到影響，因而，常常會「感情用事」，但是，如果能將自己的「感情用事」導向正向的方面發展，就可以讓「感情用事」成為一股向上的力量。

第十輯

別為了現在的自己，拖垮未來的自己

「懂得放棄就是懂得放過自己」的道理大家都懂，但為何有些人寧願被拖垮也不願放棄呢？因為，這些人捨不得在之前為某個人或某件事所付出的時間和精力付諸流水，捨不得為了成就現在的自己所做的全部努力徒勞白費，因此，才會寧願拖垮未來的自己，也不願認賠殺出。

THE
MEDITATIONS

156 提出正確問題，等於解決一半的問題

心靈安全氣囊

發現問題背後的問題

發現問題，是解決問題的第一步，但如果連問題在哪裡都不知道，是無法解決任何問題的，更別說可以去進一步發現問題背後的問題。

超譯沉思錄 156

一個人如果沒有一個固定的目標，就不可能擁有始終如一的人生目標，每個人的想法與思考方式不同，所以在人生價值的認知上，除了涉及共同利益的問題之外，根本不存在絕大多數人共同認可的一致意見。

自思一下　不要因為害怕無法解決問題，就拒絕提出問題

這句語錄的關鍵字是「問題」，所謂的「問題」就是知道自己有未知的事物，並且想透過思考得出答案。海森堡曾經寫道：「提出正確的問題，等於解決了一半問題。」其實，人生說穿了只有兩件事，第一件是提出問題；第二件是解決問題，因此，首先必須練習如何提出正確問題，如此一來，別人才知道如何幫你解決問題。

有位哲人也曾經說過：「當你開始問沒有答案的問題時，就代表你已經開始成長了。」的確，一個人如果跟你說：「沒有問題！」就代表他根本沒有徹底地去了解你給他的問題，因為，你給他的問題，表面上看起來，或許真的沒有問題，但如果他肯深入去探討，必定能發掘出問題背後的問題。

157 還沒站上打擊區，就被自己提早「三振出局」

心靈安全氣囊

死亡是人生必經的過程

死亡往往是讓人避而不談的話題，更別說是因為夭折而提早結束生命的這類話題，但問題是死亡是人生必經的過程，老是避而不談，甚至不去面對，反而會壓抑心情，讓情緒無法發洩。

超譯沉思錄 157

愛比克泰德曾經說過：「當一個人在親吻自己孩子時，應當對自己說，這孩子或許明天就會夭折。」有人說這是不吉利的話，但愛比克泰德卻說：「這不是不吉利的話，而只是說了遲早會發生的事，讓自己心裡有所準備，就像麥穗遲早都要收割一樣…」

自思一下　想要圓夢，就別讓夢想在心中「夭折」

這句語錄的關鍵字是「夭折」，所謂的「夭折」就是還沒成長完全，就提前失去了生命，或是有些夢想還沒完全成熟，就提早被否定。

有位哲人說：「人往往要等到夢想即將破滅的時候，才會想到自己還有很多該做卻沒有做的事情要做。」的確，我們的「夢想」，往往會因為某些原因，在還沒「出生」之前，就提前「夭折」，其原因就出在實現夢想的決心不夠，以及無法堅持自己「夢想」的初衷，才會稍微一遇到困難阻礙，就讓自己的夢想「夭折」。然而，這種感覺就好像自己還沒站上打擊區，就被自己提早「三振出局」一樣。

158 別為了現在的自己，拖垮未來的自己

心靈安全氣囊

你必須具備「放棄的勇氣」

「懂得放棄就是懂得放過自己」的道理大家都懂，但為何有些人寧願被拖垮也不願放棄呢？因為，這些人捨不得自己為某個人或某件事所付出的時間和精力付諸流水，捨不得為了成就現在的自己所做的全部努力徒勞白費，才不願認賠殺出。

超譯沉思錄 158

你天生就要忍受這一切，要懂得在內心自我調適，去將其轉變成可以忍受的事物。因為，一切發生的事，如果不是在忍受範圍之內，就是在忍受範圍之外，如果發生的事在忍受範圍之外，不要有任何抱怨，因為它在拖垮你之前，會先行消失，如果所發生之事在忍受範圍之內，也不要心存抱怨，而是要用與生俱來的能力去忍受它。

自思一下 不懂得取捨的人，容易被麻煩事拖垮

這句語錄的關鍵字是「拖垮」，所謂的「拖垮」就是背著沉重負擔，導致力量用盡，進而讓個人或是團隊再也無法前進。

有位哲人說：「別為金錢拖垮身體，笑著面對死亡，該哭就哭，不要壓抑自己，讓心靈沉澱一會，為自己騰出一個完全放空的假期。」的確，我們經常會因為想要賺更多的錢，不惜犧牲自己的健康，但是卻沒想過，有一天我們可能要用自己賺到的錢，甚至是更多的錢，來挽回自己的健康，因此，又何必為了自己現在的利益，來拖垮未來的自己呢？

159

保持鎮定，才能做出正確決定

心靈安全氣囊

不要讓情緒左右你的決定

有人說「人是情緒的動物」，一個不小心，就會被負向情緒牽著走，這會嚴重影響判斷力，以及鎮定、冷靜、理性等等的情緒，然而，能幫助我們做出正確判斷的，則是必須培養和練習的正向情緒。

超譯沉思錄 159

不要只想著讓別人讚美你，如此才能成為另一個你，如果失去原本擁有的善良、謙虛、真誠、理智、鎮定與豁達，請趕快將它們找回來，如果繼續保持著原來的老樣子，只能說你是過分愛惜生命的貪生怕死之輩，就像那些和野獸搏鬥被咬得半死，卻懇求能夠多苟活一天的勇士一樣，最後仍然擺脫不了被同樣利爪撕碎的宿命。

自思一下　很多複雜難解的問題，需要的不是即時的解答，而是鎮定

這句語錄的關鍵字是「鎮定」，所謂的「鎮定」就是即便眼前出現山崩地裂的大事，情緒依然不受到絲毫的影響。

亞里斯多德曾說：「當一個人鎮定地承受著一個又一個重大不幸時，並不是他對不幸沒有感覺，而是因為他是一個可以主宰情緒的人。」的確，在人生過程中，難免會遭遇到不可預測的意外和災難，我們首先要做的就是保持鎮定，因為，只有保持鎮定，才不會在情急之下，做出對自己不利的判斷和決定。

160

成功者最常做的事，往往是失敗者最不想去做的事

心靈安全氣囊

嘗試各種可以獲得成功的可能

莫札特曾經寫道：「青春的歲月往往是我們為了成功必須付出的代價。」的確，想要獲得事業上的成功，有時候，必須花掉很多時間和精力去嘗試各種可以獲得成功的可能。

超譯沉思錄
160

一頭肉食動物逮住一隻可憐的野兔，蜘蛛逮住一隻蒼蠅，獵人捕獲一頭野豬，以及漁夫用漁網捕到幾條小魚的時候，總是會擺出勝利者的驕傲姿態，但是，如果觀察他們的所作所為，就會發現這些讓他們充滿驕傲的行為，其實跟強盜沒有兩樣。

自思一下　看到別人勝利時不要妒忌，因為他可能失敗過一千次

這句語錄的關鍵字是「勝利」，所謂的「勝利」就是在多方爭奪的場合中，最後獲得可以分配最多資源和取得優勢地位的資格。

愛因斯坦曾經說過：「『艱難的行動』加『正確的方法』再加上『少說空話』等於勝利。」而且，愛因斯坦也提醒世人，不要把努力用在成為一個「成功者」的事情上面，而是要用在讓自己成為一個有價值的人。

黑幼龍也曾經寫道：『成功的人最常做的事，往往就是不成功的人最不願意去做的事。」的確，成功者與失敗者擁有的機會是一樣的，只不過成功者經常會做失敗者認為何必多此一舉的「小事」，因為，失敗者不知道成功的關鍵往往藏在他們認為沒有必要去做的「小事」當中，因此，才會經常跟成功的機會擦身而過。

161

豁達，會讓人的視野變的比較寬廣

心靈安全氣囊

忍一時風平浪靜、退一步海闊天空

其實，豁達和寬容是一種「超齡」的智慧，並不專屬於年長者，任何人只要能夠體會「忍一時風平浪靜，退一步海闊天空」，就能讓心胸寬大，擁有讓人生更遼闊的豁達心態。

超譯沉思錄
161

豁達之人，知道自己隨時會離開人世，因此，通常能夠擺脫束縛，放棄一切，因為他知道沒有什麼東西能比放下一切，更能給自己帶來豁達的情操，因此，從來不在乎別人是否反對他，也不會過問別人怎麼評論他，他會在所有事情中投入所有心力，然後將每件事情的結果交給自己的本性。

自思一下　我們還學不會豁達，是因為人生的經驗還太少

這句語錄的關鍵字是「豁達」，所謂的「豁達」就是面對獲得和失去都不在意，始終有著寬容大度的精神。

羅素曾經寫道：「應該以豁達的熱情去激勵年輕人，而且讓他們以這種人生態度去經營自己的生活。」的確，豁達的人生態度，確實會讓人的視野變的比較寬廣，豁達達觀的人，所看到的世界，往往會比那些心胸狹窄的人還要大上許多，因此，即使身處困境之中，也必須提醒自己用豁達的心態去面對。

162 往上爬的時候，要對別人好一點

心靈安全氣囊

「向上」的路，不會只有一條

「向上」這個字眼，往往是指好好努力工作、升官加薪…雖然目前社會普遍認為讀好書、賺大錢是人生「向上」的目標，但假以時日，新的人生價值觀從年輕人身上發揚開來，「向上」的路就不會只有一條。

超譯沉思錄

162

如果遇到什麼阻礙，請你在謹慎思考之後繼續前行，如果需要以自己的能力決定如何做，那麼你在害怕什麼呢？就算失敗，也是要在嘗試之後的失敗，看清道路，就走下去，不要轉向；如果看不清，最好停下來，請別人指點迷津之後，找到正確方向，再繼續向前走。

自思一下　如果不想往上爬，就容易讓自己往下跌

這句語錄的關鍵字是「向上」，所謂的「向上」就是從低處往高處前進，但也可以解釋成一種努力追求成功的積極心態。

洛克・斐勒曾經說過：「往上爬的時候，最好對別人好一點，因為，你走下坡的時候，會碰到他們。」的確，當我們春風得意的時候，必須更加謙虛地對待那些處於困境的人，因為，沒有人可以保證自己永遠會順風順水的，只要你現在好好對待那些比你不如意的人，有朝一日，當你走下坡的時候，曾經受過你幫助的人，也會對你伸出友善的援手。

163

一個驕傲自大的人，往往高估自己的能力

心靈安全氣囊

太早成功，容易變得驕傲自大

如果太年輕就成功，並不是件好事，因為太早成功，容易變得驕傲自大，不懂得為他人著想，然而，要改變自大的個性，必須從增加生活歷練做起，譬如多參與志工服務，如此不只能獲得成就感，更能從別人的身上學會謙卑。

超譯沉思錄
163

想想看，有些身居高位的人，在專橫自大，或者在發怒和斥責別人的時候，是什麼德性，再想想看，這些人為何只是過了一瞬間，就在多少人面前，卑躬屈膝，你無法想像，再過一會，他們又會變成什麼樣子⋯

自思一下　成就越高的人，越必須避免自大

這句語錄的關鍵字是「自大」，所謂的「自大」就是沒什麼本事，卻認為自己比別人更厲害、更重要、更了不起。

史達林曾說：「不管能力有多好，還是不要掉以輕心，審慎地評估敵人的力量，絕不容許有驕傲自大和疏忽大意的情緒產生。」

的確，一個驕傲自大的人，不僅會高估自己的能力，而且，還會低估對手的力量，所以，不論已經獲得多麼偉大成就，都必須保持謙虛的態度，千萬不要因為自滿，錯估情勢。

164 遇到悲傷難過的事，不妨「一笑置之」

心靈安全氣囊

強行圍堵壓抑，只是將負面情緒越積越多

人們遇到悲傷難過的事情，都傾向把情緒藏在心裡，但最近研究報告顯示，壓抑情緒容易得到心理疾病，因為，當發生了洪水，必須用疏導才不會氾濫成災，情緒也是一樣，強行的圍堵壓抑，只會將負面情緒越積越多。

超譯沉思錄
164

躺在床上，為自己被世間名利束縛所困，而默默啜泣的人，就像待宰的豬一樣掙扎和哀叫，那些對所有事物悲傷和哀怨的人，其實也像這頭豬一樣…不妨靜下心思考一下，主動接受既成事物的做法，簡單依循本性，才是理性動物應該做的事。

自思一下 **把悲傷宣洩到底，下一次再站起，才不會有陰影**

這句語錄的關鍵字是「悲傷」，所謂的「悲傷」就是因為身體或心靈受到傷害，覺得情緒失落、抑鬱低潮的消極狀態。

馬克．吐溫曾經說過：「悲傷可以自行料理，如果要充分體會歡樂的滋味，就必須有人分享才能做的到。」

薩迪也曾經寫道：「不要為出身低微而悲傷，薔薇通常在荊棘中生長，而高尚的品德往往在艱困環境之中培養出來的。」的確，不論現在遭遇到讓自己多麼悲傷的事情，到最後終將都會成為回憶，因此，當你遇到讓自己悲傷的事情，不妨用「一笑置之」來面對。

165 坦率的人，比較容易拉近跟別人的距離

心靈安全氣囊

過度坦率，不一定是好事

坦率，是一個很珍貴且難得的品德，但這樣崇高品德，卻不一定都是好事，有個詞叫做「白色謊言」，意思是雖然是謊話，卻能給人一種無形的力量，如果不懂說所謂的「善意謊言」，單純追求坦率，可能會傷害到別人，不可不慎。

超譯沉思錄
165

如果不想成為既坦率又善良的人，那麼理性本身，也不會再允許你活下去的。因此，沒有人能阻止你成為一個既坦率又善良的人，除非你自己不願意成為這種人，不要讓任何人有權直指你並非坦率之人，要讓所有汙衊你的人都成為說謊的人，而這完全在你的能力範圍之內。

自思一下　坦率，是彼此信任的開始

這句語錄的關鍵字是「坦率」，所謂的「坦率」就是有話直說、心口一致，不會將話藏在嘴巴裡。

英國作家王爾德曾說：「坦率說出心裏話，不僅是一件應該做的事，而且還是一種令人快樂的事。」

英國作家簡・奧斯丁也曾經寫道：「頭腦靈活的人，不一定可以交到朋友，想交朋友，主要是靠心地善良和坦率的個性。」

的確，一個做任何事、說任何話都很坦率的人，比較容易拉近跟別人的距離，因為，別人不會一天到晚擔心你是否會在背後說他壞話，或者在背後捅他一刀。

166 得意時，更應該懂得謙卑、謙卑再謙卑

心靈安全氣囊

得意的時候，要懂得適可而止

弘一法師曾經說過：「對失意人莫談得意事，處得意日莫忘失意時。」的確，當我們得意的時候，要懂得適可而止，千萬不能得意忘形，否則，到最後可能會讓自己樂極生悲。

超譯沉思錄 166

一個人如果可以透過運用某些事物而變得更好，絕對值得更高的讚賞，一個人應當根據自己的本性去做事，而且盡力而為，不論在哪裡，這都是力所能及的事情，無論遇到什麼事情，心態都必須調整，應該盡力去做什麼或說什麼，否則，你不會停止莫名的哀傷。

自思一下 得意不會比失意的時間來得久

這句語錄的關鍵字是「得意」，所謂的「得意」就是不可能完成的願望獲得完全滿足，因而開心的樣子。

有句話說：「得意時，更應該懂得謙卑。」，照理來說，得意時是心情最好，自信最充足的時候，為什麼要違背心意，擺出謙卑的樣子呢?因為，俗話說「槍打出頭鳥。」，而我們得意時，正是最出風頭、最引人注意的時候，如果不懂得低調，很可能會樂極生悲，惹來不必要的麻煩。

另外，在得意時，千萬不要忘記自己失意的時候，如此，才不會跟自己的初衷越離越遠。

167
我們都會在無形中按照別人的意思過活

心靈安全氣囊

「關心」是一種最常用來操縱別人的工具

過度愛護自己子女，操縱子女未來發展的父母，通稱「直升機父母」，然而，這些「直升機父母」容易教育出依賴心強，被稱為「媽寶」、「靠爸族」的小孩，而這些依賴父母長大的小孩，就算成年之後，也無法對別人和對自己負責。

超譯沉思錄
167

說到「你」的時候，並不包括你的皮囊，也不包括依附於上面的器官。因為，它們只是依附於你的身體。記住，操縱你的是一種隱藏起來的信念，而這種信念是一種無形的力量，也是生命本身與生俱來的力量。

自思一下　只要勇於嘗試，每個人都能操縱自己的命運

這句語錄的關鍵字是「操縱」，所謂的「操縱」就是被他人決定自己的行動，完全沒有自主性。

武俠小說家古龍曾經寫道：「世界確實有這種人，雖然活著，但一舉一動都彷彿被一根看不見的線牽著，從來就沒有過過屬於自己的生活，他的一切都遵照著他人的意思而活，這種人，千古以前就有，千年以後還是不會消失。」其實，在現實生活中的我們，或多或少都被一條看不見的線操縱著，這條線或許是夢想、也許是自己喜歡的人，甚至是沉重的經濟壓力，因此，才會從來沒有過過一天真正屬於自己的生活。

168 當下這一刻，才是生命唯一存在的時刻

心靈安全氣囊

在時間的大鐘上，只有「現在」兩個字

我們都知道「過去」不可能再回來，而「未來」根本就還沒有到來的道理，但為何還是依然沉溺於「過去」跟「未來」呢？其實，答案很簡單，那就是不懂得珍惜現在，不懂得莎士比亞所說的「在時間大鐘上，只有『現在』兩個字。」

超譯沉思錄 168

不要過度在意過去，並且把未來交給神的眷顧，你現在要做的，就是讓自己虔誠地活在當下，如此一來，你就會發現很多繞了遠路才得到的事物，實際上在當下就可以得到。

自思一下　你有多久沒有讓自己認真地活在當下的這一秒鐘？

這句語錄的關鍵字是「當下」，所謂的「當下」就是你現在呼吸的這一個剎那。

林清玄在《和時間賽跑》書中寫道：「所有時間的事物，都永遠不會回來，你的昨天過去了，它就永遠變成昨天。」

叔本華也曾經寫道：「現在才是生命確實存在的唯一時刻，因為，沒有人可以生活在過去和生活在未來。」

其實，一個人之所以會讓自己活在過去和未來，最主要的原因就是像叔本華所說的，不懂得只有當下這一刻，才是生命唯一存在的時刻，才會一天到晚將時間花在緬懷過去和追求不可知的未來。

169 現在煩惱的事，十件有九件不會發生

心靈安全氣囊

不要為了煩惱而煩惱

我們都知道現在煩惱的事，十件有九件不會發生，為何還是會依然為了煩惱而煩惱呢？這都是患得患失的「得失心」在作祟，也就是太過於在乎目前所擁有的，以致於一有可能會失去自己所擁有的東西，就開始不禁地煩惱起來。

超譯沉思錄 169

不過分關心被可憐肉身包裹的人，就不會自尋煩惱，更不會去追求衣服、住所、名聲等等膚淺沒有價值的目標，如果你懂得這樣做和這樣想，便可以擺脫很多沒有必要的煩惱。

自思一下　過去煩惱的事，到底有幾件真的在你的生活中發生？

這句語錄的關鍵字是「煩惱」，所謂的「煩惱」簡單說就是一些不太可能發生，但卻被我們認為一定會發生的事。

馬克・吐溫在《在亞瑟王朝廷裡的康乃狄格州美國人》書中寫道：「煩惱只要一開頭，就會漸漸的變成比原來巨大數倍的煩惱，這是世界上最奇怪的事情。」

因此，千萬不要杞人憂天，因為，你的「煩惱」可是會將你的「擔心」當成它壯大的養分，而且，永遠要記住現在煩惱的事，並不會讓你的明天變得更好，反而會讓你失去今天原本應該擁有的快樂。

170

「主見」往往是為了抗拒改變的「成見」

心靈安全氣囊

「主見」只是不願意改變的藉口

我們經常會用這是我的「主見」來當成不願意改變的藉口，但事實上這個「主見」卻可能只是自己用來逃避現實的「成見」。

超譯沉思錄

170

如果智慧大師命令一個人不要去想那些隨心想到的念頭，那麼這個人一天也無法忍受，每個人都覺得別人的看法要比自己的主見更加重要，所以，我們重視別人的意見遠遠超過自己的思考。

自思一下　我們所堅持的事情，到底是對事情的「主見」？還是「成見」？

這句語錄的關鍵字是「主見」，所謂的「主見」簡單說就是每個人根深蒂固的主觀意識，也是「成見」比較正面的一種說法。

有人說：「如果想做自己，就必須做一個有主見的人。」其實，這句話表面上看起來雖然沒有錯，但是如果從另外一個角度來看，可能就有待商榷，殊不見，有很多固執己見的人，不都是對外說自己是一個有主見、有原則的人，因此，才會這麼堅持己見嗎？

或許，可以捫心自問，自己這麼堅持這個所謂的「主見」到底是為了什麼？是因為一直以來都是這種想法？還是不想離開自己熟悉的「舒適區」？如果以上皆是，那麼這個「主見」就是為了抗拒改變的「成見」。

171 一個人失去自由與被圈養的牛馬沒有什麼分別

心靈安全氣囊

為什麼我們總是討厭被別人奴役

有句話說：「生命誠可貴、愛情價更高、若為自由故，兩者皆可拋。」這句話明白地告訴我們，人對於自由的渴望與熱情，因為，一個人要是失去自由，那麼與被圈養的牛馬之類的家畜就沒有什麼分別。

超譯沉思錄
171

誰敢大言不慚地說自己能改變人們的看法呢？如果不能改變別人的看法，又豈能擺脫那種假裝服從，實則抱怨的奴役心態呢？

自思一下　順從，就是讓別人不費吹灰之力的奴役自己

這句語錄的關鍵字是「奴役」，而所謂「奴役」就是遭到別人控制而失去對自身想法和行動的自由。

英國哲學家培根曾經寫道：「被智者所輕蔑，愚者所嘆服，阿諛奉承者所崇拜，以及被自己的虛榮所奴役的人，就是虛偽的人。」

古羅馬哲學家塞內加也曾經說道：「自己奴役自己是一種最悲哀的奴役。」的確，我們經常在不知不覺之中，做了自己的奴役還渾然不知，譬如為了讓自己在別人面前有面子，為了讓自己可以在別人面前穿名牌衣服，拿「哀鳳」的智慧型手機，不惜每天做三份工作，這不就是一種「奴役自己」的行為嗎？

172

多一些希望，美好的事物就會來到我們眼前

心靈安全氣囊

別為了還沒發生的壞事而牽掛擔憂

為什麼許多人的眼中只看得見災厄、傷心、殘缺等等負面的事物，卻看不見美好和善良等等讓人心情愉快的美麗事物呢？因為這些人的心中充滿負面情緒，常常為了還沒發生的壞事而牽掛擔憂。

超譯沉思錄

172

如果你在生活中發現比心靈的自我滿足更美好的東西，如果你在人生中找到了比正義、真理、禁欲和剛毅更有價值的東西，而且是在你並未做出自主選擇的情況下找到的，那就請你全心全力去追求它吧。

自思一下　我們的雙眼是用來看見美好，而不是用來哭泣的

這句語錄的關鍵字是「美好」，而所謂的「美好」就是美麗、完美、可愛的，是一種大家夢寐以求的柏拉圖狀態。

蘋果電腦已故董事長賈伯斯曾經說過：「全世界最有錢的人也無法將財富帶入棺材中，對我來說，夜晚入睡前能喝杯紅酒，為達到的美好成就慶祝要重要多了。」

的確，什麼樣的人生才能算是美好的人生，其實是沒有什麼絕對的標準答案，或許有人會認為必須擁有家財萬貫，才算擁有美好人生，但有些人卻認為不需要為了生活奔波、為了錢而苦惱，就是最美好的人生了！

國家圖書館出版品預行編目資料

你的考量必須裝上安全氣囊 / 王國華著. -- 初版.
-- 臺北市 : 華成圖書, 2017.12
面 ; 公分. --(閱讀系列 ; C0350)
ISBN 978-986-192-312-3(平裝)

1.格言
192.8 106018510

閱讀系列 C0350

你的考量必須裝上安全氣囊

作　　者／王國華

出版發行／華杏出版機構
華成圖書出版股份有限公司
www.far-reaching.com.tw
11493台北市內湖區洲子街72號5樓（愛丁堡科技中心）
户　　名　華成圖書出版股份有限公司
郵政劃撥　19590886
e-mail　huacheng@email.farseeing.com.tw
電　　話　02-27975050
傳　　真　02-87972007
華杏網址　www.farseeing.com.tw
e-mail　adm@email.farseeing.com.tw
華成創辦人　郭麗群
發 行 人　蕭聿雯
總 經 理　蕭紹宏
主　　編　王國華
執行編輯　王國華
美術設計　黃聖文・楊玫珍
印務主任　何麗英
法律顧問　蕭雄淋・陳淑貞

定　　價／以封底定價為準
出版印刷／2017年12月初版1刷

總 經 銷／知己圖書股份有限公司
台中市工業區30路1號　電話 04-23595819　傳真 04-23597123

讀者回函卡

謝謝您購買此書，為了加強對讀者的服務，請詳細填寫本回函卡，寄回給我們（免貼郵票）或E-mail至huacheng@email.farseeing.com.tw給予建議，您即可不定期收到本公司的出版訊息！

您所購買的書名/______________________ 購買書店名/__________________

您的姓名/__________________________ 聯絡電話/__________________

您的性別/□男 □女　　您的生日/西元__________年_____月_____日

您的通訊地址/□□□□□____

您的電子郵件信箱/____

您的職業/□學生 □軍公教 □金融 □服務 □資訊 □製造 □自由 □傳播

□農漁牧 □家管 □退休 □其他

您的學歷/□國中（含以下） □高中（職） □大學（大專） □研究所（含以上）

您從何處得知本書訊息/（可複選）

□書店 □網路 □報紙 □雜誌 □電視 □廣播 □他人推薦 □其他

您經常的購書習慣/（可複選）

□書店購買 □網路購書 □傳真訂購 □郵政劃撥 □其他____________________

您覺得本書價格/□合理 □偏高 □便宜

您對本書的評價（請填代號/ 1. 非常滿意 2. 滿意 3. 尚可 4. 不滿意 5. 非常不滿意）

封面設計_______ 版面編排_______ 書名_______ 內容_______ 文筆_______

您對於讀完本書後感到/□收穫很大 □有點小收穫 □沒有收穫

您會推薦本書給別人嗎/□會 □不會 □不一定

您希望閱讀到什麼類型的書籍/________________________________

您對本書及我們的建議/

廣告回信
台北郵局登記證
台北廣字第000526號
免貼郵票

華杏出版機構

華成圖書出版股份有限公司　收

11493台北市內湖區洲子街72號5F（愛丁堡科技中心）
TEL/02-27975050

（沿線剪下）

（對折黏貼後，即可直接郵寄）

本公司為求提升品質特別設計這份「讀者回函卡」，懇請惠予意見，幫助我們更上一層樓。感謝您的支持與愛護！

www.far-reaching.com.tw　請將　C0350　「讀者回函卡」寄回或傳真 (02) 8797-2007